キリスト教宣教と日本

太平洋戦争と日米の動き

原　真由美 著

彩流社

まえがき

日本に信教の自由が保障されたのは太平洋戦争後の一九四六年に公布された「日本国憲法」の第二〇条による。これにより制限のない信教の自由が認められた。当時は米国による占領下にあったが、日本は思想的法的拘束から解放され、主体的に歩もうとする風潮にあり、民主化の波とともにキリスト教の時代も再来したといえよう。

そもそも日本にキリスト教がもたらされたのは、イエズス会フランシスコ・ザビエルが鹿児島に渡来した一五四九年のことである。一時はキリシタン大名らの保護政策からキリシタンの隆盛をもたらしたが、一五八七年六月の豊臣秀吉による「伴天連追放」が発せられると宣教師らは国外退去を命じられ、徳川時代に入るとキリスト教禁止政策がとられる。

日本でのキリスト教宣教は江戸幕府により途絶えたかのように見えたが、一八五四年に軍艦を伴って来航したペリーにより開国を迫られた日本は一八五四年には日米和親条約を、一八五八年には日米修好通商条約を締結することにより外国人居留地での外国人の信教の自由を認めた。そして条約の第八条を根拠として宣教師が次々と来日する。一八七三年のキリシタン禁制の高札撤去以来、キリスト教の宣教活動はようやく認められ、教会も初期の無教派的な状況から次第に各教派の海外ミッションの教派形成がなされていくのである。

太平洋戦争が勃発するまでの日本におけるキリスト教宣教は海外ミッションとの関連の中で展開された。しかし、この戦争によって外国宣教師が国外退去になったことで、再び日本と海外のキリスト教との分断が起こる。

開戦前夜にさかのぼると日本では、一九三九（昭和一四）年四月に宗教団体法が公布され、翌一九四〇（昭和一五）年四月に施行された。これにより、エキュメニズム（超教派）とは何かを深く理解できないまま日本のプロテスタント各派は時流の流れにあらがえず、日本基督教団に統合されていった。例えば日本のパプテスト派を見ると、東部組合と西部組合は、一九四〇（昭和一五）年に合同して日本バプテスト基督教団を設立したにもかかわらず、施行された宗教団体法に促される形で他のプロテスタント諸派とともに日本基督教団に統合されていった。

宗教団体法は一面では、外国基金と外国からの影響力の切り離しを目的とした政策でもあった。そのため、一九四一（昭和一六）年四月、日本のバプテスト派を支援していたアメリカン・バプテスト（American Baptist）は、組織的な日本への宣教活動を終了することとなった。

さらにその後、宗教が国家の統制下におかれ、欧米の言語は敵性外国語として遠ざけられて語学研究さえもままならないなかにあって、日米両国の在留者の交換が行われた。これにより日本に滞在していたアメリカ人宣教師らも国外退去を強いられ、また、日本に留まった外国人宣教師は軟禁状態に置かれたため、草の根での宣教も不可能となった。

このように、太平洋戦争下において、海外ミッションによる日本での宣教活動は二度目の中断を余儀なくされた。しかし、カナダやアメリカで組織された北アメリカのキリスト教各派からなる連合組織である北アメリカ外国伝道協議会（Foreign Missions of Conference of North America　以下ＦＭＣＮＡ）は日米の戦況の行方を注視しながら、戦争終結後に日本でのキリスト教宣教をいかに可能にしていくかを模索し続けていた。日本の敗戦を想定し、日本研究を進めていたのである。

このアメリカの日本研究については、アメリカン・バプテストの年次報告書『アロング・キングダム・ハイウェイズ』（*Along Kingdom Highways*）や太平洋戦争終結後に出された日本研究「日本の戦後研究の予備的考察」（"Preliminary Considerations for Post War Study on Japan"）及びＦＭＣＮＡの文献資料に多く記述されている。これが戦争終了後の日本における素早い占領政策や宣教政策遂行の基となった。

なお、この日本研究は、日本国民とアメリカ国民の思想形態の相違、社会環境の違いをつぶさに感じさせたものでもあった。もちろん、アメリカにあっても政治的な側面から見れば、日本人脅威論がおこり、隔離政策が採られ、戦後にあってはマッカーシズムが吹き荒れた。しかし基本的にアメリカにはその多様性を受け止める包容力が確かに存在したし、現在もそれは変わらない日本との違いと言えるかもしれない。

とにもかくにも太平洋戦争が終結し、日本人は、敗戦の失意の中から立ち上がることができた。その復興の背景にあったものとして、ＦＭＣＮＡの活動が見のがせないのである。ＦＭＣＮＡは、日本を含む周辺諸国への再宣教活動をするためにその組織を再構築した。日本を含む東アジアへの再宣教活動のあり方を取り決める東アジア委員会（Commitee of East Asia　以下ＣＥＡ）を開戦翌年の一月には設立し、また、敗戦後の日本にあっては、一九四六（昭和二一）年の四月には、日本の占領政策を実施した占領組織である連合国軍最高司令官総司令部（General Headquarters, the Supreme Commander for the Allied Powers　以下ＧＨＱ／ＳＣＡＰ）の公的交渉連絡機関として設置された通称「六人委員会」から二人のメンバーを日本に送っており、同年一〇月までには残りの四人も派遣して、戦後の日本に対する復興援助及び再宣教体制を整えている。占領期における日本では、その初期から各種の施策がＧＨＱ／ＳＣＡＰにより実施されたわけだが、その施策の一つとしてキリスト教宣教があったのは、ＦＭＣＮＡが戦争中から行ってきた研究の成果であった。

そしてアメリカの対日占領政策の一つである、民主主義の日本国民への浸透については、信教の自由（国家宗教＝国家神道の解体）及びキリスト教宣教が果たした役割は決して小さくはなかったといえよう。ただし、戦後の日本形成においてキリスト教がどのように関わるのかについては、連合国の（ここでは主にアメリカと言えるだろうが）政府とキリスト教界のあいだに方針や働きの違いがあった。しかしキリスト教界は、日本占領を先例のない好機と捉え、ＧＨＱ／ＳＣＡＰにより大きく開放された扉から、日本に多くの宣教師と支援物資や資金を送ることで宣教活動を押し広げたのである。

本書では、太平洋戦争の戦前、戦中、戦後におけるＦＭＣＮＡの動きと日本側の動きをまとめた。日本のキリスト教を、アメリカの観点で再検討することによって戦後の日本を重層的に理解することが深まるのではないかと考える。そしてアメリカの占領期の施策に信仰の自由があり、キリスト教宣教が再開されたことは、個人の自由、民主主義という日本人の深層心理にまで及び現在の日本を形づくる大きな役割を果たしたといえるのではないだろうか。

キリスト教宣教と日本◆目次

まえがき　3

第1章　対日宣教と太平洋戦争の影響——北アメリカ・ミッションの動き　11
第1節　対日宣教政策のはじめ　11
第2節　日米の思惑——東アジア委員会戦後計画委員会報告からみえてくるもの　32
第3節　アメリカの日本研究の背景　35

第2章　北アメリカ外国伝道協議会による日本研究——宣教の中断　45
第1節　日本研究の概要　45
第2節　開戦前の日本への宣教政策　47
第3節　日本からの退避——グリップスホルム報告　51
第4節　グリップスホルム報告の内容　56
第5節　アメリカの危惧　66
第6節　日本における宣教再開への礎　69

第3章　日本のキリスト教各派の合同と社会　73
第1節　各派の統合　73
第2節　日本バプテストの合同　75

第3節　統合・合同と日本の社会背景　81

第4章　日本占領政策とキリスト教宣教　93

第1節　アメリカによる占領　93
第2節　敗戦と宣教再開への道　96
第3節　日本占領政策の成立過程　101
第4節　日本人の国家主義観　111
第5節　日本の状況と対応　119
第6節　日本人理解がもたらした成功　122

第5章　日本の戦後復興期　127

第1節　アメリカのキリスト教単一教派の動き　127
第2節　復興期の婦人達　135
第3節　復興期の日本バプテスト派――日本バプテスト同盟の発足　147
第4節　復興期にもたらされたもの　154

参考文献・資料一覧　159
あとがき　163

略号

ＡＢＣ　アメリカン・バプテスト（American Baptist Convention）
＊旧ＮＢＣ。一九七二年にAmerican Babtist Churches USA［ＡＢＣＵＳＡ］に名称変更。

ＡＢＦＭＳ　アメリカン・バプテスト外国伝道協会（American Baptist Foreign Mission Society）　＊旧ＡＢＭＵ

ＡＢＨＳ　アメリカン・バプテスト歴史資料協会（American Baptist Historical Society）

ＡＢＭＵ　アメリカン・バプテスト宣教師同盟（American Baptist Missionaries Union）
＊一九一〇年、再編後ＡＢＦＭＳに名称変更

ＡＢＷＵ　アジア・バプテスト婦人連合（Asian Baptist Women's Union）

ＢＷＡ　世界バプテスト連盟（Baptist World Alliance）

ＣＥＡ　東アジア委員会（Committee of East Asia）

ＣＦＲ　外交関係協議会（Council on Foreign Relations）

ＣＯＣ　内外協力委員会（内外協力会）（Committee of Coorperation）

ＦＭＣＮＡ　北アメリカ外国伝道協議会（Foreign Missions Conference of North America）

ＧＨＱ／ＳＣＡＰ　連合国最高司令官総司令部（General Headquarters, the Supreme Commander for the Allied Powers）

ＩＲＰ　太平洋問題調査会（Institute of Pacific Relations）

ＩＢＣ　ミッションボード連合委員会（Inter-board Committee for Christian Work in Japan）

ＮＢＣ　北部バプテスト同盟（Northan Baptist Convention）

ＯＰＣ　外国伝道協議会（Overseas Planning Consultation）

ＷＡＢＦＭＳ　婦人アメリカン・バプテスト外国伝道協会（Woman's American Baptist Foreign Mission Society）
＊一九五五年にＡＢＦＭＳと合併

第1章　対日宣教と太平洋戦争の影響――北アメリカ・ミッションの動き

第1節　対日宣教政策のはじめ

1　北アメリカ外国伝道協議会（ＦＭＣＮＡ）の設立

一九三九（昭和一四）年四月八日に日本において、宗教団体法が公布され翌年に施行された。日本は、大正デモクラシーと呼ばれる時代から、全体主義・国家主義の時代へと大きく舵を切った。日本のキリスト教プロテスタント各派は当初、この流れに逆らい、発言した場面もあったようだが、次第に、宗教団体法に沿う形で諸教会統合に動き出し、挙国一致に協力する形で存続するようになる。

一例としてバプテスト派を概観してみると、宗教団体法が公布されるまでは、日本バプテスト東部組合と日本バプテスト西部組合が個別に宣教活動を行っていたのだが、宗教団体法でいう教派として存続するための条件である教会員数五〇〇〇人以上を満たすために、一九四〇（昭和一五）年には合同して日本バプテスト基督教団を設立することとなった。しかし、日本バプテスト組合の東西合同によって宗教団体法が定める宗教団体の要件を満たしたにもかかわらず、プロテスタント各派の自立は認められないとされたため、他のプロテスタント諸派とともに日本基督教団を結成することとなった。日本基督教団への統合政策は、外国ミッションからの資金援助と影響力を日本のキリスト教各派・団体から切り離すための政策でもあり、日本政府による全体主義・国家主義への移行の準備ともなった。この外国ミッションとの切り離し政策により、アメリカのキリスト教プロテスタント諸派一つである北部バプテスト同盟（Northan Baptist Convention／現 American Baptist Churches　以下ＡＢＣ）の構成団体で、外国伝道団体であるアメリカン・バプテスト外国伝道協会（ＡＢＦＭＳ／旧アメリカン・バプテスト宣教師同盟 American Baptist Missionaries Union［ＡＢＭＵ］）は、太平洋戦争の開戦直前である一九四一（昭和一六）年四月に、日本への資金援助が出来なくなったことから、日本への組織的な宣教活動を終える。このような経緯はバプテスト派だけではなく、日本で宣教活動を行っていたほとんどのキリスト教諸派がたどった。こうして、日本では戦時体制に向かって挙国一致体制がとられていった。

一方、北アメリカのキリスト教界の動きは違っていた。キリスト教宣教という面だけではなく、アメリカ社会の持っていた社会環境から生じたものの考え方や手法、政治風土という日本社会とは異なる背景も違いがあった。北アメリカの各キリスト教派で一八九三年に組織された北アメリカ外国伝道協議会（Foreign Missions Conference of North America　以下ＦＭＣＮＡ）の働きもこの背景から誕生した組織であった。

ＦＭＣＮＡは、一八九三年にアメリカとカナダの各プロテスタント教派の外国宣教部がニューヨークではじめての会議をもったことに始まる。主な活動は、宣教の課題や方針を決定し、重複している働きを整理し、全体的に外国伝道のプロジェクトを前進させるために、教育、医療、識字教育、研究などの小委員会と委員により運営されていた。地域代表委員会は、アフリカ、中国、ヨーロッパ、インド、日本、韓国、東・東南アジア、協力委員会としてラテンアメリカが含まれている。一九四四年にはカナダが脱退し、一九五〇年には、アメリカでキリスト教協議会（National Council of the Churches of Christ in the United State［ＮＣＣ］）が設立された。

太平洋戦争の開戦後まもなくＦＭＣＮＡはためらうこと無く、日本との太平洋戦争の戦況を注意深く見まもりながら、しかも、日本の敗戦を想定し、戦後の日本への宣教再開を模索することを決定し、検討を重ねていっている。このことは、当時日本にあった鬼畜英米を標榜し外国人を排斥した日本と、戦後を客観的に展望するために基本的に何が必要であり、何を補うかべきかと思考したアメリカ人の持っていた気質の差と、社会背景の相違から生まれたもののひとつといえる。

太平洋戦争における日本の敗戦後、北アメリカのキリスト教各派が、迅速に日本での宣教活動を開始できた背景には、太平洋戦争の開戦直後である一九四二（昭和一七）年一月一二日に、ＦＭＣＮＡが設立した東アジア委員会（Committee of East Asia　以下ＣＥＡ）が組織したＣＥＡ戦後計画委員会の活動の成果があった(1)。この戦後計画委員会は、日本の戦後における再宣教に必要となる課題を整理するのに重要な役割を果たす研究・調査を行っている。これらの課題整理は、ＦＭＣＮＡに加盟しているキリスト教各派のみならず、他のキリスト教各派の外国伝道団体の個別活動にも生かされ、戦後計画委員会の課題整理に基づく報告に則った活動が数多く行われることになっていった。敗戦後の日本についての各種の予測もＦＭＣＮＡ、そしてその傘下構成組織のＣＥＡの報告及びそこから発展した調査・研究・議論からもたらされた。というのも一九四三（昭和一八）年頃になると、太平洋戦争の行方が見え始め、戦後の日本に対するキリスト教再宣教計画についてより具体的に模索・計画することが可能となったからである。アメリカ国務省による東アジア政策の策定作業も太平洋戦争開始以前から行われていたが、日本に対する調査・研究の蓄積は少なかった。そのため、派遣された宣教師が日本の事情を直接見聞きすることでもたらされる情報によって比較的日本に通じていたキリスト教界の存在は政府にとっては重要で、彼らの情報を重宝し、活用したことがうかがえる。

たとえば、一九四一（昭和一六）年二月にアメリカ国務省内部に特別調査課が設置されたあと、同年二月一七日付けで極東部の主任マックスウェル・M・ハミルトン（Maxwell M. Hamilton）から海外宣教協議会（International Missionary Council）のA・L・ワレンシュイス（A. L. Warnshuis）宛てに極東からアメリカ国籍民の避難に関する極秘指示が出されている。(2) なお、ワレンシュイスはCEA委員二五名のうちの一人でもあった。国務省からの指示では、日本、中国、香港、インドシナに在住しているアメリカ国民の身に危険が高まっており不測の事態を避けるためにアメリカ本国への避難を促したものである。避難のための交換船についても言及していることは、かなり切迫した状況を想定している。アメリカは、開戦やむなしの気運を既に得ていたようである。時期的に考えれば、FMCNAもこのころから、開戦を前提とした準備をしなければという気運が起こったと見なしてよいだろう。そして、太平洋戦争開戦直後の一九四二（昭和一七）年一月にはFMCNAは、CEAを実質的な戦後計画委員会として、日本へのキリスト教の再宣教を検討し始めたとされる。つまり、このあまりにも早いと思われる対応などを顧慮すれば、宣教師側とアメリカ政府側が互いの情報を充分に入手していたと考える方が適切と思える。

両者の関係性は、FMCNAから国務省に委員が派遣されていたことからも容易に推測できるものである。(3) 派遣されたのは、M・シール・ベイツ（Miner Searle Bates）である。

ベイツは、FMCNAの代理人として意見の公開もしている。アメリカ国務省の対日政策の策定過程にあたっては、後述するが、民間研究機関である太平洋問題調査会（Institute of Pacific Relations　以下IP

Ｒ）等が各方面の意見集約に努めていた。ＩＰＲの機関誌である『パシフィック・アフェアーズ』（*Pacific Affairs*）の編集部は一九四四年三月号にアメリカＩＰＲ側の日本の将来を検討する過程で有力なたたき台となったＴ・Ａ・ビッソン（T. A. Bisson）の論文を「対日講和の代価」と改題して掲載した。この論文に対して、ベイツは、イェール大のケネス・ラトウレットと共同してコメントを執筆している[4]。

コメントは、対日占領政策の成功には、連合国全体として共通した政策を確立し、人種差別の非難を受けないよう対ヨーロッパ政策と対日政策とを一致させる必要があり、その上で適度な賠償と経済改革を実施した上で、日本の国際社会への復帰を認めるという点でビッソン論文の論旨に賛成を表明したものであった。

アメリカ国務省へのベイツ派遣の手続きは、一九四二年一月一二日にニュージャージー州のトレントンのホテルで行われた二五名のＣＥＡ委員が出席した会議にさかのぼる。議事録によると、Ｌ・Ｊ・シェーファー（Luman J. Shafer）が議長として次のような報告をしていることが記録されている[5]。太平洋戦争の勃発により投げかけられた新しい責任にＦＭＣＮＡは直面しており、ＣＥＡから極東におけるアメリカの教会の状況についての報告書を提供するとともに、極東の国務省の情報を入手するためＭ・シール・ベイツをワシントンの国務省に派遣すること。さらに追加事項として、国務省の東アジアの現状についての情報収集に対応させるために中国、そして東アジアで活動をしてきた各派宣教師や日本に在住したことのある宣教師のリストを国務省に提出する準備をしていることであった。政教分離とは言いつつ、宣教師が国の施策に活用されるのは当然であるという感覚があり、違和感を抱いてはいない。アメリカの社会背景から生まれた環境であった。

ＦＭＣＮＡの最初の働きとして、ＣＥＡ戦後計画委員会の研究報告が、ＣＥＡの三人の委員により一九四二年にまとめられた。研究報告名は、「日本におけるミッションと教会の関係」とされたが[6]、このようなＣＥＡの先駆け的な活動は、太平洋戦争敗戦後の日本におけるアメリカ側の占領政策に影響を与へ、ＦＭＣＮＡの日本宣教再開の時期や実施方法を見据えた政策までも計画することを可能とし、その端緒となった。

太平洋戦争終了後の対日宣教政策が、ＣＥＡ戦後計画委員会の発足の時点から系統立てて検討されていったものと考えてもよい。アメリカ側では開戦後直ちに政府・民間を問わず戦後の日本を想定した課題整理を開始したことは、驚くべきことではないだろうか。

2　東アジア委員会（ＣＥＡ）の設立

太平洋戦争が勃発してからは、ＦＭＣＮＡが発足させたＣＥＡの委員会は、アジアにおける戦後計画の働きを担う特別委員会となり、戦後の宣教政策と復興計画のための課題を検討し、その整理を担うこととなった[7]。

その中でＣＥＡは、前節で述べたとおり、太平洋戦争が開戦した一九四一（昭和一六）年一二月八日から少し遅れはしたものの翌年の一九四二（昭和一七）年一月一二日にＣＥＡ戦後計画委員会を正式に組織し、調整が主であった組織を、計画を検討する組織へ衣替えした。また、戦後計画委員会の中に六小委員会[8]を組織するという素早い対応であった。

ＣＥＡ戦後計画委員会の六つの小委員会のうち、四つの小委員会は、太平洋戦争後の再宣教計画を、日本、中国、韓国そして南アジアを地域別に考えるためのもので、各地域別委員会の相互協力にも配慮しながら計画を進めるために設置され、おのおのに委員長を置いた。

このＣＥＡ戦後計画委員会では、太平洋戦争終了後の日本に起こる状況について、日本の敗戦を予測して日本再宣教政策を検討するために、直ちに必要な調査、研究を行うこととした。日本委員会が重要な目的としたのは、戦後の宣教再開を円滑に進めるためには日本人の特質までを研究し、日本人の持っている思考形態の特質を歴史的背景まで遡って把握することにまでおよび、日本で宣教再開を図るための課題を洗い出し、整理をおこなうものであった。六つの各小委員会と委員長は、次のようであった。(9)

日本委員会　Ｌ・Ｊ・シェーファー
中国委員会　Ｆ・Ｔ・カートワイト（Frank T. Cartwright）
韓国委員会　Ｖ・メイナー（Velma Maynor）
南アジア委員会　Ｊ・Ｌ・フーパー（J. L. Hooper）
救出と復興委員会　Ｌ・Ｓ・ルーランド（Lloyd. S. Ruland）
宣教と教会関係委員会　Ａ・Ｋ・ライシャワー（A. K. Reischauer）

日本委員会の委員は、次のように以下の一二人によって構成された。

委員長　Ｌ・Ｊ・シェーファー
委員　Ｊ・Ｔ・アジソン（J. T. Addison）
　　　Ｌ・Ｓ・アルブライト（L. S. Albright）
　　　Ｊ・Ｗ・デッカー（J. W. Decker）

W・C・フェアーフィールド（Wynn C. Fairfield）
J・L・フーパー
C・W・アイグルハート（Charles W. Iglehart）
V・メイナー
A・K・ライシャワー
H・F・シャンク（Hazel F. Shank）
M・F・トーマス（M. Edwin Thomas）
H・ユアサ（湯浅八郎）
陪席　L・S・ルーランド
J・J・マイケル（Joe J. Mickle）

委員の中には、唯一の日本人、湯浅八郎が入っていた。湯浅は、後章で述べるが、日本基督教団の設立により、外国ミッションによる日本宣教が終了した後、日本からアメリカに派遣された遣米平和使節団の一員で、その後もアメリカに残り、居留地の日本人・日系人を慰問し続け、日本敗戦後には帰国し、同志社大学総長に再任された後、続いて国際基督教大学の設立に奔走し、初代学長となった人物である。

日本基督教団に関するアメリカ側の研究報告については、アメリカのキリスト教各派の報告書からも、うかがい知ることが出来る。一九四二（昭和一七）年のＡＢＦＭＳの報告書『アロング・キングダム・ハイウェイズ』よると、ＦＭＣＮＡは、日本政府によるプロテスタント・キリスト教各派に対する日本基督教団への統合政策は、外国からの経済的援助（基金）と影響力行使を切り離すためのものであり、日本政府の影響力を随時行使出来るようにすることを狙ったものと認識していた。[10]また、日本基督教団統合については、メソジスト派の宣教師であったチャールズ・Ｗ・アイグルハートは、宣教のための国際雑誌『インターナショナル・レビュー・オブ・ミッション』（*International Review of Mission*）へ一九四一（昭和一六）年一〇月号に日本基督教団の組織構成について寄稿している。寄稿内容は、前出の一九四二（昭和一七）年のＡＢＦＭＳの報告書へも記述されているが、アイグルハートは、以下のように説明している。

　設立された日本基督教団は、一つの名前、一つの信条を持ち、一人の運営統理者のもとに一つの事務局と一つの協議会及び一つの全体大会で構成されている。教会の宣教活動は、一一の部制となって活動しており、それぞれに議長と役員が置かれている。各部は、比較的大きな教派とその構成に類似している団体で構成されており、これらの部の宣教に関する活動は、各部で決める権限を持っている。[11]

この報告内容は、日本側に残る資料とも合致しており、アメリカ側においてもこの時はまだ日本の状況を正確に把握しており、日本基督教団の構成も正確に把握、理解していたことがうかがえる。なお、この後、部制は一年程度で廃止されている。

　さらに、時は下るが、太平洋戦争敗戦後の落ち着きを取り戻した時代になった一九五五（昭和三〇）年にまとめられたＡＢＦＭＳとＮＢＣのなかに婦人達で組織された外国伝道組織である婦人アメリカン・バプテスト外国伝道協会（Women's American Baptist Foreign Mission Society　以下ＷＡＢＦＭＳ）の合同報告書では、一九三九（昭和一四）年に成立した宗教団体法が、日本に存在した二つのバプテスト団体を日本バプテスト基督教団という一つの組織にすることを急がせ、その直後の一九四一（昭和一六）年には、日本政府により、日本基督教団へ強制的に加盟させられたと記述している。[12] そして、大部分の日本のプロテスタント・キリスト教各派は、同時期にこの日本基督教団という一つの団体に取りまとめられ統合されていった。

日本基督教団の成立により、日本に存在していた個別のプロテスタント各派は、後章でも述べるが若干の教派を除いて存続できず、バプテスト派という個別の教派も日本ではなくなった。日本のバプテスト派は、一九四一（昭和一六）年四月二〇日にNBCと日本側の相互の同意という形で、同年四月三〇日にアメリカからの経済的援助を終了した。日本基督教団への合同により、NBC（ABFMS）の受け皿として日本に存在する教派としてのバプテスト派の存在は、なくなった。他の教派においても同様に受け皿は、日本基督教団だけと見なされるようになった。日本の敗戦後に行われた評価・検証とも言えるこのようなアメリカ側の記述は、アメリカ側の組織や体制が常に継続的な検証を行い、また、太平洋戦争中においても、常にその時の状況判断をおこない、検証を重ねていた。

3　東アジア委員会の戦後計画

（1）東アジア委員会の課題整理と共通認識

CEAは、一九四二（昭和一七）年六月二二日、戦後の日本宣教を視野に入れ、戦後の日本における再宣教事業に関して、どういう方策を採ったら良いのかを明確にするために、戦後の日本におけるミッション活動に関する諸問題を検討することが有益であると考え、日本再宣教で生じると思われる課題についての調査・研究を開始することとした。FMCNAのキリスト教各派間で、バラバラであった認識を共通にする必要性が生じたからであった。

まず、日本研究者であり日本のキリスト教に詳しい、日本委員会の委員であるＡ・Ｋ・ライシャワーを中心に、Ｃ・Ｗ・アイグルハート、Ｌ・Ｊ・シェーファーの三人に白羽の矢を立て、前出した「日本におけるミッションと教会の関係[13]」についての課題の整理に着手するよう要請した。この研究は、戦後の日本におけるミッションの再活動に関して起こると思われる諸問題の解決法を検討するための課題整理となった。また、この課題整理は、ＣＥＡ自体の共通認識とする必要のあるものであった。ＣＥＡ戦後計画委員会では、ライシャワーが代表しての報告を委員会に提出した。このＣＥＡ報告について、ＣＥＡ戦後計画委員会の幹事であったＡ・Ｌ・ワンシュイス（A. L. Warnshuis）は、一九四二（昭和一七）年九月二二日のＣＥＡ委員会及び、その後に開催されるＣＥＡ戦後計画委員会で充分に検討するため、委員全員は、事前に報告書を読んで研究しておくようにと指示している[14]。ＣＥＡに提出された「日本におけるミッションと教会の関係」と題するこの報告は、アメリカの太平洋戦争終了後における日本に対する再宣教政策構想に大きく影響を与える考え方になると同時に、アメリカの日本占領統治政策の背景にまで及ぶもので、その影響は大きなものであったと思われる。

報告「日本におけるミッションと教会の関係」の大部分を占める内容は、日本における一八七三（明治六）年の高札撤去（太政官布告第六八号）以来の教会と外国ミッションとの関係についてであった。日本のキリスト教の特徴として、高札撤去によるキリスト教開教いらい、まず、教会形成については外国人宣教師から手ほどきを受け、徐々に理解を深めていったという経緯に着目した点から始めている。近代キリスト教が到来する以前から、日本人は高度な文化や、成熟した宗教観を保持していた。それ故に、国外から持ち込まれた新たな宗教観であるキリスト教であっても、日本人の内在する感性からの独自解釈も可能とするという特色を持った関係であったという報告があった。

ライシャワー達三人の委員の報告書を要約すると、「日本におけるミッションと教会の差違」「ミッションと日本の教会」「代表的なミッションと教会の関係」の三つによって構成されている。順を追って見ていきたい。

① 日本におけるミッションと教会の差異

太平洋戦争が始まる直前までの日本における外国伝道団体であるミッションと教会の関係に関して、ミッション各派と日本の教会との政治形態に関する差異についての報告であって、次の様に考察したことを記載している。

太平洋戦争の開戦に至るまで、日本の主なキリスト教団体とアメリカの各派ミッションとの関係は、驚くほど親密で誠実で大変良好であった。開戦に至るまで日本のキリスト教徒・教会と外国ミッションとの関係は、手ほどきを受けるという段階からすでに相互の友好的段階にまでたどり着いている状態にあった。しかし、開戦後は、日本の教会と関連する多くの各派外国ミッションとの間で異常とも言える程の暗い緊迫感に満ちた危うい状況が生まれていた。また、一九四一（昭和一六）年に日本で超教派的、全体的な教会として日本基督教団が成立したときは、キリスト教各教派の教会政治形態の差異が大きな問題とはならなかった[15]。

教会政治形態の差異が大きな問題とはならなかったことについて、アメリカでは、あり得ないことと大きな驚きとして捉えている。外国宣教師達はそれぞれの教派から派遣されており、教派意識が強かったが、日本人は教派に関心はなく、各教派の成り立ちの背景にまで踏み込んだ理解が乏しく、かつ、なされなかったためであり、外国ミッションによる日本へのキリスト教宣教活動は、その働きは開拓者精神に溢れた献身的なものではあったが、横断的、表面的なものになってしまい、残念ながら日本人の背景・資質に至るまでにキリスト教が深く浸透して行くことにはいたらなかったからである。

ＡＢＦＭＳ（旧ＡＢＭＵ）の活動から一つの例を取り上げてみれば、日本の教会の歴史は、ほとんどがアメリカの宣教師達と日本人信徒達との密接な繋がりによる尽力が大きく、それにより発展していった経緯がある。しかし、戦争開始直前の時代には、日本人側に相互の友好的な段階を通り越した自主・独立の社会的機運が起こり、日本人キリスト教徒の多くは、日本のキリスト教の進む道は、擬似的なエキュメニカルな運動体である日本基督教団へ合同から行われる宣教によってであり、そこから日本におけるキリスト教徒の将来の展望が生まれるという解釈により、日本人に支持されていったことを察知し、捉えていた。外国の各派ミッションは、日本のキリスト教各派の教会が、やがて外国の組織からの影響力行使と財政援助から切り離される日本政府の政策が実行されることになることを当然の帰結として明らかに認識していた。

②　ミッションと日本の教会

ミッションと日本の教会を関係づける経緯について、六つの主な要因を挙げて詳細に記載し報告している。

一）第一の要因（日本人のキリスト教理解）

報告では、次のように述べられている。

日本の文化は、単に進んでいるだけではなく今も勢いがある。他の途上国のように他国の進んだ文化を取り入れる過程にあるような状態とは異なっている。また、日本人の教育程度と共に、日本における仏教や儒教の教えは、世界でも成熟した宗教や教育の部類に入っている。従って、日本人は、キリスト教の教えとキリスト教の教会での働き・方法をよく理解しており、日本人がキリスト教を受け入れたならば、短期間で外国ミッションが教えたキリスト教も自分自身のものとして吸収し、ミッションから保護を受ける期間は短くて済むだろう。また、ミッションと教会での働きについて日本人キリスト教徒は、宣教師と同等な働きが可能である[16]。

日本という国は、近代キリスト教の外国ミッションが来る以前から、高度な文化を持ち、宗教的に高いレベルに達していたことを理由に挙げ、日本人がキリスト教を理解できる高度な能力を持っていると見ていた。

これらのことから、今後、日本人がキリスト教の教えとキリスト教の教会組織の運用について、すでに充分に理解し得ていることを前提として考えて、日本人と関係を持つ必要性があると分析している。

例えばＡＢＦＭＳの宣教師達は、戦争開始直前の時代になって、社会風潮に自主・独立の気運が生まれ、日本人キリスト教徒が独自で宣教を行うことができることを望んでいることを察知していた。日本人キリスト教徒の多くが、日本基督教団への合同を、日本におけるキリスト教徒の将来のためということで支持しているると、肌身を持って感じていたからである。

　このようなCEA戦後計画委員会の日本の状況を指摘する報告内容は、FMCNA内だけの報告に留まらず、アメリカ国内の日本政策担当者やキリスト教各派の外国伝道団体、キリスト教団体の共通認識とすべき内容が含まれていたことから、戦後の日本再宣教政策のための検討、議論を行うための資料として重要視された。

　さらに、ABFMSの報告によれば、日本の宣教が単一組織の日本基督教団へ移ってしまうことは、バプテスト派等のキリスト教各派にとって日本基督教団を通して接触することしかできなくなること、外国各派と直接関係を維持することが不可能になることと理解していたことは、明らかであった。日本基督教団という組織については、アメリカのキリスト教各派を含め外国伝道団体のミッションのほとんどが同様な危惧の念を感じとっていたのである。しかし、アメリカでは、逆に両国にまたがる関係を解除することは、かえって良い結果を生むのではないかとの意見もあり、この後行われた多方面にわたる検討では、議論の対象となっている。

二）第二の要因（日本人の国家主義）

　宣教の初期は、外国ミッションの宣教師と日本の上流階級との親密な関係から始まった。日本人の指導者層の志向は、和魂洋才にあったことからキリスト教も洋才の一つとして取り入れ、その後には、日本政府がキリスト教を外国との不平等条約の改正を狙う条件の一つとしたいとの考えを持っていたことから、キリスト教にもある程度の寛容さを持って許容したと思われる。

　報告では、次のように述べられている。

しかし、日本国の指導者層には、もともと日本統治を明治維新時の国家主義観をもって行おうとした経緯があった。

どのような宣教地においても、ミッションと教会の関係を考える要因の一つに教会の政治形態があった。日本の近代キリスト教の歴史では、教会政治の形態の相違にもかかわらず、それとは異なる問題として、日本のキリスト教徒の持つ国家主義観から、外国の各キリスト教派の単なる分派としての教会であるというよりも、母教会や外国ミッションから独立し、自立した日本のキリスト教会を創設しようとする強い傾向があった。[17]

アメリカやヨーロッパでは、キリスト教における教会政治形態の相違が大きな問題となる。しかし、日本では外国ミッションと教会を関係づけた第二の要因として、日本人が持つ強い国家主義観があることが挙げられた。日本においてキリスト教信者が教会を組織し、形成していった最初の段階から、国家主義に根ざした教会観を持っていた信者がいたことが日本における教会づくりという上で非常に大きな要因となっていた。

明治維新後、キリスト教を受け入れて信徒になった日本の指導的キリスト教徒層には、明治政府に登用された武士階級（いわゆる薩長土肥）以外の佐幕派の武士階級で、官僚になる道が閉ざされ、立身栄達の道をキリスト教という新思想に求めた者達が含まれていた。この階級出身者には、強い国家主義観が残っており、その思考形態にも武士階級という国家主義観に基づくことが垣間見られた。

このことは、当時、日本人の思考が旧来の国体観から抜け出すことが出来ないでいたために、宣教が始まって暫くたってからは、外国母教会や外国ミッションから自主・独立に傾こうとする強い傾向があったことが特徴であり、この国家主義観が日本のキリスト者を特徴づけ、ミッションと教会の関係に影響を及ぼし、日本基督教団の成立を超教派的な完全で理想の形であり、日本人が希求する普遍的な教会である、という考えを持つことになり、日本基督教団の統合の際には、日本における外国ミッションからの独立志向の強さを後押ししたと考えられる。

三）第三の要因（日本人のキリスト教徒の階層）

外国ミッションと教会と関係を決定する三つ目の要因として、宣教の開始時期から日本人のキリスト教徒と友好的な関係を可能にしたのは、当時、日本社会が持っていた階級制度にあったと指摘している。日本のキリスト教信者が教会を形成する過程でそれは顕著に表れていた。

報告では、次のように述べられている。

現在（当時）の日本人キリスト教徒の階級層は、学生となることのできた富裕層であり、知識階級や準特権階級であったことは注目すべき特徴である。学生層は、教育という最も接しやすかった層である。日本でのミッションの仕事として、教育的な働きと指導者の教育に重点を置いていたことは、教会が強力なキリスト者指導者を啓発し養成できるという自然な流れとなり特徴づけられることであった。ミッションと教会の関係を決定づけたのは、教会を形成するために併設した教育機関であり、良くも悪くも教会が強力になるに従い、それを構成する日本人キリスト教徒の属する階級層が生まれることとなった。その事は、結果的には組織としてのミッションの重要さを次第に失わせ、減少させた。通常、宣教師と関係を持っていた教育機関の日本人同僚者は、キリスト教徒であることが多かったが、その同僚者の階級層が往々にして強力な国家主義観を持っていたことがミッションの重要さを失わせた一つの要因となってしまった。[18]

教会とその教育機関が強力になるに従い、宣教師達の多大な個人的な尽力があったにしても、組織としてのミッションは、その重要さが小さくなり失われていった。この後は、主に個々に宣教をする宣教師達によって、ミッションと教会の関係が続けられていくことになったのである。

四）第四の要因（教派の教会政治）

ミッションと教会を関係づける四つ目の要因は、欧米の教派では、その成立時に遡って生じた特徴のある教会の政治形態を持っていたことである。従来、このことは考慮しなければならない重要な要点でもあったが、日本では重要視されなかった。

報告では、次のように述べられている。

日本において、教会政治の相違の問題は、ミッションと教会の関係を決定する要因となると考えられず、大きな問題とはならなかった。各教派それぞれという考えよりも一つのキリスト教であるというエキュメニカルな一つの組織を考え、教会政治は教会の運営のために必要なものという位置付けであった。[19]

多くの日本人キリスト教徒は、社会的風潮に流され、教派の教義の違いを理解するというよりも、そこから得られる実利を望んでいたのかもしれない。この事は、現在の教会の在り方にも繋がっており、教派の政治形態がどのような歴史があって生まれたかを、まだ認識し切れていない現状が見られる。

五）第五の要因（教会形成の理念）

外国ミッションと教会との関係を決定する五つ目の要因は、ミッションの機能に関するもので、教会形成のためには、まずミッションの理念が必要であるが、宣教師個人の能力に頼り、理念についてはミッションとして充分な検討は行わなかったという点が挙げられている。

報告では、次の様に述べられている。

ミッションの機能には、教会員を教育するための教育機関を整える事が含まれていた。大多数の宣教師達は、日本で教会が形成された初期の時代は、ミッションと教会が密接な関係を持っており、かつ、関連する教育機関を機能させるためにおいても兼任して働いていた。当然、個々の宣教師と日本のキリスト教信者の間には友好的な関係があり、当初から教会形成の理念に基づき、教育機関を機能させる働きとミッションの宣教活動との間には、はっきりとした境界が生まれることはなかった。[20]

このことは、後に問題発生の余地を残した。ミッションの働きの中に、教会の働きと教育機関での働きというはっきりとした境界が生まれ、宣教師達の間で軋轢が生じ、一致協力して事にあたれないという素地も生んだのであった。

六）第六の要因（宣教師の働き）

ミッションと教会の関係決定における最後の六つ目の要因は、宣教師の教会における大きな役割が個人的な働きによるものであったことである。

報告は、次のようにまとめている。

多くの宣教師達は、当初は、開拓者精神にあふれた姿勢をもっていたため、その先駆的な働きとなったミッションの活動は明確であった。しかし、このことは現状への対応に終始し、深く浸透するということよりも概して宣教地域の拡大という横への広がりに終始するという問題点を生じ、残してしまった。そして教会と付属する教育機関が発展するに従い、相対的にミッションの教会での働きは減り、教会における宣教師の宣教活動は、整理される方向に向かっていった。これに引きかえ教育機関で働く教育宣教師は、教会で働く宣教師以上にその影響力は多く大きかった。日本人の思考・生活にまで影響を与えている。[21]

宣教師の活動が、個人的な働きによることが大きかったため、本来一本化されていた宣教活動であったものが、宣教師個人では全てを負いきれなくなってしまった。このことから、宣教師達の中では、教会活動と教育活動という二つのカテゴリーに分けて意識する様になってしまった。その中で、いわゆる教育宣教師及ばれる宣教師達は、教会現場での働きが過小評価された状況にあった。このことは、後述するが敗戦後の日本再宣教活動においても宣教師同士が一枚岩ではなく、調整していかなければならない問題を生むことになっている。

この報告の最後には、日本における太平洋戦争開始前の数年間のミッションと教会の関係について、その代表的な例を示しながら説明を加えている。この箇所は、ミッションと教会の関係を論じているが、日本の敗戦後の再宣教政策構想に大きく影響する問題を抱えた内容であった。

③　代表的なミッションと教会の関係

日本における外国ミッションと日本の教会との間で宣教に対する大きな相違点といえることは、日本のプロテスタント各派の教会政治と、ミッションの考えている教会政治との違いであった。しかし、どちらにしても開戦前に、日本のプロテスタント・キリスト教各派は、代表的な派であった組合派、長老派の二教派や、多くの少数派、混合した教派を含むほとんどの教会が、一九四〇―一九四一（昭和一五―一六）年の段階で日本基督教団に統合されていった。聖公会についても遅れることはあっても統合されていった。この統合によって日本の教会では、教派の違いに関係なくエキュメニカルなものとして一元化され、急激に変化し、窓口の一元化という状況をもたらし、外国ミッションとの直接的な関係を難しくした。

このため日本におけるプロテスタントのキリスト教各派による宣教活動は、一九四〇―四一（昭和一五―一六）年の間で一時終了したと考えられる。各外国ミッションは、日本基督教団への統合が始まり終わるまでの短期間において、教会とミッションの関係が、特に教会の仕事で重要な役割を果たしていた宣教師達の関係でいえば、教会での責任が順次減らされていき、その代わりに直接の関係が強かった教育機関に対しては、ますます大きな責任を負わされていった。どの宣教師も、特定の教育機関に対する働きが持たされており、逆に、そのことでミッションは、教育機関での働きに大きな役割を果たしたと言える。そして、この宣教師達の働きは、教会との関係というよりも、ミッションと教育関係団体との関係に必然的に移っていった。[22]

しかし、戦争の勃発とその継続により、その関係は、大きな変化に直面した。すでにミッションでは予測していたのであるが、教派合同した教団の存在が、宣教師の仕事がどうであれ、個別の外国ミッションから個別に派遣された者にではなく、日本基督教団を窓口として統一された交渉のもとで派遣されなければならないという手続きが生じたのである。このことは、戦後すぐに、戦前と異なる状況になったにもかかわらず多かれ少なかれ日本基督教団を通してでなければ、日本の教会が必要とするものを外国の教会から直接的に提供できないこと等の大きな変化（障害）をもたらしたのである。

第2節　日米の思惑――東アジア委員会戦後計画委員会報告からみえてくるもの

日本における基督教団統合に至った経緯と、教団への統合は、日本の国策として外国ミッションからの資金援助と影響力を、日本にある各キリスト教団体から切り離そうと図ったものであった。[23]また、当時の日本人が持っていた国内外の社会情勢に対する時流の産物であった自主・独立の気運を、その要因として挙げている。当時の日本の教会を取り巻く問題点として、次に掲げる（1）から（3）の三項目を挙げて、これが日本側からみた外国ミッションとの関係に関する要因となったとしている。

1　援助金減少とその要因

アメリカのミッションは、ＡＢＦＭＳの例で言えば、一九一二（明治四五）年から外国への伝道方針を効率性を重視し変更している。一九二三（大正一二）年からは日本においても適用され、アメリカからの限られた援助金を日本以外のより必要とする宣教地に、効率的に有効活用しようとする考えから、効率的な分配が図られた。この結果、日本ではアメリカからの援助金が減少することとなって現れた。

実際には、日本における自立教会と呼べる教会数は多くなかったが、急速に近代化した日本の国力増進と経済的発展の機運により、教会の自立が可能で、日本のキリスト教会が、外国からの援助金を受けなくても教会運営が継続可能な状況になったという意識を日本人自身が持ちはじめていた。

この状況を、ＣＥＡ戦後計画委員会報告では、日本人のキリスト教徒の階層は、広く目覚めた学生層と、知識階級や準特権階級であることから、深くキリスト教を理解しており、布教の先駆的な段階からすでに相互の友好的段階に進み、宣教師と日本人キリスト者が同等な働きがすでに出来るようになっているとし、このため、限りある援助金は、日本以外の宣教地支援に有効活用しようとする道が選択された結果であると報告されている。

2　日本人の国家主義観

日本側の要因として日本人の背景、つまり日本人の持っていた資質から生じるものが挙げられた。ＣＥ

A報告では、ミッションと教会を関係づける第二の要因は日本人の国家主義に根ざしたものであるとしている。日本人の資質が国家主義に根ざしていたということには異論もあるが、日本の旧来の大家族主義に根ざす封建思想、社会構造や社会制度による依存的・隷属的体質が、当時残っていることは事実であった。そこにキリスト教を受け入れることによって自覚的、主体的な思考が加わることから、さらに日本人に自負心を生じさせ、それに基づいて教会の発展を展望し、自主、独立の方向に極端に向かわせる理由になったと考えてもおかしくはない。

日本側の社会状況として次のような変化が見られたことを指摘したい。

①急速に近代化した日本の国力増進と経済的発展が教会の自立を可能とした。

②日本の旧来の大家族主義に根ざす封建思想・社会構造・制度による依存的、隷属的体質から自覚的、主体的な思考への変化が生まれた。これには、農村部から都市部への労働力の移動が無産階級の発生を生んだことも含まれる。

③日本人の自負心に基づいて、教会はかくあるべきだという展望が発生した。

3　宗教団体法等による国内の統制

宗教団体法による国内の統制についてCEA戦後計画委員会の報告書では、日本社会あるいは日本人の持っていた国家主義観から派生したものという解釈をしていた。後で論じるが、アメリカでは、日独伊三国同盟の締結により、欧州でもアジアでもファシズムによる世界秩序への挑戦が明らかになった証拠と見なされている。宗教団体法も、日本をファシズムが席巻していく時の補完法となったと見なした。事実、治安維持法と併せて日本国内統制の一要因となったことは明らかであった。

第３節　アメリカの日本研究の背景

１　指導者の認識

先に論じたが、アメリカにおいて一九四一（昭和一六）年の太平洋戦争開戦直後に、ＦＭＣＮＡは、ＣＥＡ戦後計画委員会を組織し、日本研究に詳しいＡ・Ｋ・ライシャワー、チャールズ・Ｗ・アイグルハート、Ｌ・Ｊ・シェファーの三人の学者に、明治期にキリスト教宣教が始まった時からキリスト教がどのように日本人に浸透していったのかを調査させた。日本人の国民性、気質にまで及ぶ研究から分析し、太平洋戦争後の宣教再開のための課題整理を行わせ、その結果、日本におけるミッションと教会の関係について六つの要因が挙がったことを先に指摘した。

特に日本の教会における特徴として、その独立志向の強さを、宣教開始からミッションが行った宣教活動に対する深い検証から、教派や教会政治の形態にかかわらず日本人の持っている資質にあった国家主義にあることを導き出したのであった。

敵性国家を徹底的に研究するという手法が採用されたのは、アメリカの政治的環境が生んだもので、三人が課題を整理することが可能となった[24]。アメリカの手法は、将来の世界秩序の在り方、あえて言えば国際連合設立までも遠望し見据えようとする流れであった。これは、五百旗頭真は『米国の日本占領政策』で、アメリカ政府の戦時外交と戦後の対日占領政策の立案について次のような指摘をしている。

アメリカは、早い時期から日本に対する占領政策に関する政策の立案を重要視していた。これは、アメリカの有識者には、一九一九（大正八）年の第一次世界大戦の戦後処理を目的としたパリ講和会議が、失敗であったという認識があったからである。この認識は、孤立主義的伝統の根強いアメリカにあって、第二八代大統領ウィルソン（Thomas Woodrow Wilson）が提案した普遍主義的原理（正義と民主主義と自由貿易）に基づいた将来の平和のために国際秩序という宥和主義的対外政策が顧みられなかったことにあった。この戦後処理が大恐慌の起因となり、戦勝国側が「命令した平和」をドイツに押しつけたとする反省であった。

第三二代大統領ローズベルト（Franklin Delano Roosevelt）や国務長官ハル（Cordell Hull）達のアメリカの政府要人及び有識者達は、一九一八（大正七）年に終結した第一次世界大戦の戦後処理方法の在り方を失敗であるとの共通認識を持っていた。その時から、第二次世界大戦の後処理については、完全でなくとも世界各地の諸問題を早期に解決するために本格的に研究する必要を痛感していたという背景があったからである。[25]

一九三九年九月一日にドイツのポーランド侵攻によって第二次世界大戦が始まった。その報告を受けたローズベルトやハルは、表面上は欧州の出来事としていたが、迅速な反応を示した。そして、直ぐに戦後の新秩序計画の準備に入っていった。ハルは、日本が一九三七（昭和一二）年に起こした日中戦争（盧溝橋事件）を収束させず、一九三九（昭和一四）年になっても拡大させていることから、日本に収束の意志はないと捉えていた。アメリカは、同年七月二六日に日米通商条約の破棄を通告して、日本に対して中国大陸への進出は承認できない旨を明らかにした。そして、翌一九四〇（昭和一五）年一月二六日に日米通商条約は失効している。アメリカの指導者であるローズベルトとハルは、ドイツの侵攻を契機に日本とドイツがアジアと欧州で同時期に行動したことに対して、ドイツは全ヨーロッパを制覇し、日本も極東で同じような動きをするのではと憂慮し、世界大戦となるのではという感触を持っていたと思われる。しかし、それでもアメリカの指導者達は、第一次世界大戦の失敗を繰り返さないために、同時にこの戦争に勝利することを前提として新世界の建設という理想を追求する長期的な戦後計画の検討を開始していった。

2　アメリカの精神的土壌

欧州とアメリカ民主主義の成り立ちについて、油井大三郎は、その著書『未完の占領改革』でその相違を以下のように指摘している。

フランス人は、旧体制を打倒して市民社会を樹立したため国家と対立するものとして個人の自由を位置付けたのに対し、アメリカ人は、英国の植民地支配に対する抵抗の中から市民社会を形成したため、国家との一体性の中で個人の自由を考える傾向があり、ヴェトナム戦争での敗北を自覚するまでアメリカの知識人は、概して政府や軍に協力することにさしたる抵抗感を示さなかった[26]。

アメリカが行った手法のなかで、アメリカの政府や民間団体では、戦後に対処するために、早い時期からその対応策及びその背景となる地域についての調査・研究が行われていたと指摘している。一般的にアメリカでは理論研究に満足せずに、学問を実際問題の解決や政策立案に結びつけようとする志向性があり、学者と経済人、政治家との結びつきは、例外的な事象ではなかった。戦時下で欧米研究を抑圧した日本とは対照的に、アメリカではむしろ戦争遂行の必要性から敵国や解放地域を地域研究して包括的に分析しようという土壌があったからである。

先に論述したCEAの三人の委員による報告書「日本におけるミッションと教会の関係」は、日本人の風土、文化の背景を深く吟味して検討された構成となっている。この報告書は、この後、日本の敗戦後の日本人に対する接し方にまでを視野に入れた申し合わせに繋がり、さらにアメリカの日本占領統治政策の一つである民主化政策と一体化した宣教政策構想に大きく発展し、その先取りともなった提言ともいえるものであった。この報告書を生んだ手法の採用にあたっては、アメリカの精神的土壌から生まれたものであると考えるのは自然であろう。

3　アメリカ政府の政策作成の人材

アメリカの実業界に基盤を置き、軸足をキリスト教に置いた有識者達が、一九二一（大正一〇）年にアメリカの民間研究組織の外交関係協議会（Council on Foreign Relations 以下CFR）を発足させた。その設立主旨には、「米国政府や国際機関との協力」を唱え、学会、経済界、ジャーナリズムの指導層を政府と結びつけ、出席者が政府に影響を与える場となると共に、政府への人材の補給源ともなった。

CFRは、アメリカの実業人達の組織した研究組織であったためにアメリカの国益を追求する姿勢が強かった組織である。一九四〇（昭和一五）年二月にCFRは、国務省からの依頼を受け、戦後政策の立案を意図して「戦争と平和の研究」プロジェクトを発足させた。そのプランニングは、政府への政策提言となった。CFRが戦後計画の準備をし、国務省がそれを引き継ぐという構図となっていった。

一九二一（大正一〇）年には、ハワイのYMCA関係者によってアジア・太平洋地域内の民間レベルの相互理解・文化交流の促進を目的とした汎太平洋会議による国際連帯運動を発端とした民間の学術団体I

ＰＲが設立された。この組織は、一九二五（大正一四）年七月に宗教的問題に限定せず、宗教家、研究者、実業家、・弁護士により再構成され、アジア・太平洋地域専門の民間の国際研究機関となった。活動した学識者には、ＣＦＲと重なる人材の参加が多く見られ、多くのアジア研究者・日本研究者を輩出した。組織としては、当初、太平洋岸の六カ国の加盟であったが最終的には環太平洋一三カ国による国別ＩＰＲが集まる組織となっていた。アメリカＩＰＲは、ヨーロッパ地域を対象としないで、アジア・太平洋地域に軸足を置いた範囲を対象としていた。これは、アジアには、ヨーロッパ諸国間の利害対立があったことに加えて、ヨーロッパの、いわゆる宗主国と呼ばれる国々が、アジアに持っている植民地に対する権益問題が存在したことが理由であった。

アメリカ政府や軍には、開戦当時、政策作成に関わる人材が不足し、その政策決定やその基盤となる地域研究を民間研究機関に依存し、人材を官僚に採用する必要があった。とりわけアジア・太平洋地域の専門家が圧倒的に不足していた事情から、ＣＦＲとＩＰＲの二つの民間組織は、太平洋戦争開始前からその人材供給源になっていた。いわゆる知日派と呼ばれる人材が、国務省に入り、政策決定やその基礎となる地域研究を行った。アメリカは、民間研究機関に依存し、民間の人材を集めることで、太平洋戦争及び戦後に生じる課題整理を始めることが出来たのである。この後、変遷はあったが国務省では、一九四四（昭和一九）年一月に戦後計画委員会が設置され、その中で日本に関する研究と討議を行う極東班を設け、実質的な戦後政策進捗のために制度化を図っている。戦争中であるにもかかわらずアメリカ国務省は戦後体制構築に向けた戦後世界政策の継続的な検討と検証を進めたのである。

4 アメリカにおける背景の変遷

アメリカは、国務省の地域研究により、一九四〇（昭和一五）年九月二七日に行われた日独伊三国同盟の調印についても、既に時機を逸した日本の選択であると見なしていた。さらに、太平洋戦争開戦については、世界分割を企画するファシズムが欧州とアジアで一つの戦争を行っていると一元的に捉えることが可能となった。この単純化できたことがアメリカの政策を推し進める上でプラスに働くこととなった。

太平洋戦争開戦直後の一九四一年一二月一七日にアメリカＩＰＲは、アジア研究の知識と人材を活用し、アメリカ政府に積極的に協力する旨の声明を発表した。そして政府・軍への人材派遣、委託研究の協力を図っていった。

民間人がアメリカ政府に積極的に協力することは、アメリカのキリスト教界でも例外ではなかった。この戦争が日独伊三国同盟（枢軸国）との欧州戦争であり、太平洋戦争であるとすれば、これは、ファシズムに対する戦いであると位置付けられ、キリスト教界がアメリカ政府や軍に積極的に協力することは当然のことと見なされたからである。

アメリカ政府は、第一次世界大戦の戦後処理方法の反省から、事前に戦争後の課題整理を始め、政府内に不足していた極東地域の専門家を、民間の研究機関であるＩＰＲやＣＦＲから集めて作業を行った。初期においては理念が先走った感はあったが、太平洋戦争が開始された時点からは、次のように整理されていった。

①開始時点の国際情勢から戦争の構図が明らかになってきたこと。つまりドイツの劣勢と、日本が欧州の戦況を正確に把握できずに、ドイツ、イタリアと三国同盟を結ぶことにより、欧州とアジアの戦乱は、独裁制のファシズムによる民主主義に対する挑戦の構図として捉えることができたこと。

②アメリカの国内事情としてローズベルト大統領の三選決定があって、アメリカ政府内の環境が安定したことにより、速やかに日本の戦争・戦後対策についてアメリカ政府として動くことができたこと。

そしてアメリカ政府は、一九四〇（昭和一五）年末頃から、イギリスがドイツの空爆に耐えられると予見できるようになったことから、最終的にドイツに勝てるという計算が生まれ、ドイツを打倒した後の世界秩序を考え始めることとなっていった。また、日本との戦いでは、一九四二（昭和一七）年六月五―七日にミッドウェー沖海戦で勝利したことを太平洋戦争でアメリカが勝利することを具体的に示した出来事としてとらえ、アメリカ政府の戦後計画の検討を具体化させるべき転機をもたらした。さらに、翌一九四三（昭和一八）年二月に日本がソロモン群島から敗退したこと、一一月八日にアメリカがドイツ・イタリアに対して北アフリカからの反攻を成功させたこと、一九四三（昭和一八）年四月には、ソヴィエト連邦がスターリングラード（現ボルゴグラード）のドイツ軍を降伏させたことなどが、日本に勝利することをアメリカにさらに確信させた。こうして国務省の戦後計画は、対日講和の手法はもとより領土・経済・民主化や教育改革が入った実現性を帯びたものとなっていったのである。

註

（１）原真由美「太平洋戦争下における北米ミッションの対日宣教政策に関する研究」『キリスト教と文化』第一一号、関東学院大学キリスト教と文化研究所、二〇一三年三月。一一七―一二七頁。

（２）Letter, Maxwell M. Hamilton (Chief Division of Far Eastern Affairs) to A. L. Warenshuis Department of State Washington, DC.

（３）Minutes of the Committee on East Asia, MRL12: Foreign Mission Conference of North America Records, series 2B, The Burk

Library Archives (Columbia University Libraries at Union Theological Seminary), New York. Jan. 1942.（以下、MRL12, B.L.A と略す。）

（4）油井大三郎『未完の占領改革――アメリカ知識人と捨てられた日本民主化構想』東京大学出版会、一九八九年。一七六、一九三―九五頁。

（5）Minutes of the Committee on East Asia, MRL12, Box 24, Folder 4, B.L.A, Jan, 1942. p. 1.

（6）A. K. Reischauer, “Mission –Church Relations in Japan,” CEA176, MRL12, Box 35, B.L.A, 20 Oct. 1942. pp. 1-7.

（7）Ibid.

（8）Minutes of CEA Post War Planning Committee, Post-War Settlement in Japan, MRL12, Box 15, B.L.A, 25 Feb. 1943. p. 20.

（9）Report of Membership of committee on East Asia postwar planning committees, MRL12, Box 24, Folder 4, B.L.A, 1941.

（10）Annual Report of WABFMS, *Along Kingdom Highways*, NY, WABFMS. 1942. pp. 13-14.

（11）Annual Report of WABFMS, *Along Kingdom Highways*, NY, WABFMS. 1942. p. 13.

（12）Robert G. Torbet, *Venture of Faith*, ABFMS & WABFMS, Philadelphia: Judson Press, 1955. p. 548.

（13）A. K. Reischauer, “Mission –Church Relations in Japan,” CEA176, MRL12, Box 35, B.L.A, 20 Oct. 1942. pp. 1-7.

（14）Letter, Joe J. Mickle to Members of the Committee on East Asia , MRL12, Box 24, Folder 4, B.L.A, 20 Oct. 1942.

（15）A. K. Reischauer, “Mission –Church Relations in Japan,” CEA176, MRL12, Box 35, B.L.A, 20 Oct. 1942. p. 1.

（16）Ibid. p. 1.

（17）Ibid. p. 2.

（18）Ibid. p. 2.

（19）Ibid. p. 2.

（20）Ibid. pp. 2-3.

（21）Ibid. p. 3.

（22）Ibid. p. 3.

(23) 原真由美「太平洋戦争下におけるアメリカ・バプテストの宣教政策に関する一考察」『キリスト教と文化』第一〇号、関東学院大学キリスト教と文化研究所、二〇一二年三月。六九―八〇頁。
(24) 原真由美「アメリカの日本占領政策とキリスト教宣教」［発表］基督教史学会大会、二〇一三年九月一三日。
(25) 五百旗頭真『米国の日本占領政策――戦後日本の設計図（上）』中央公論社、一九八五年。一三―一四頁。
(26) 油井大三郎『未完の占領改革』。八四頁。

第2章　北アメリカ外国伝道協議会による日本研究――宣教の中断

第1節　日本研究の概要

日本における外国ミッションのキリスト教宣教活動は、太平洋戦争へ向かって、それまでの日本との親密で誠実で良好な関係に基づいた宣教活動から急速に変わっていく。日本もアメリカの日本宣教の道が閉ざされようとしていることを成り行きで傍観していたわけではなく、外国ミッションによる宣教が平和裏に日本で継続されることを願っていた。その一つが第1章でも触れた遣米平和使節団の派遣である。

一方、アメリカ側は、より確実な日本の状況把握に努めていった。日本からの最後の交換船に乗っていた宣教師達から、送還当時の日本の状況報告を求め、これを「グリップスホルム［Gripsholm］報告」として課題整理の検討資料に加えていくのであるが、その経緯は、戦後の日本に対する宣教再開の道筋について、現実的な対応への方法論に繋がっていった。

北アメリカ外国伝道協会（ＦＭＣＮＡ）の各派ミッションの太平洋戦争後における宣教再開は、アメリカ側の的確な日本人理解と、日本の教会との関係に対する歴史理解、及び日本人のキリスト教理解の程度、そして日本人が心の何処かに持っていた国家主義の資質に触れ、戦争前からのミッションの宣教に対する総括も含めた上で、戦争時の日本人キリスト者の気質分析に基づいた宣教活動の手法に至るまでを検討することで行われていった。

太平洋戦争後のキリスト教各派の日本宣教再開は、ＦＭＣＮＡの東アジア委員会（ＣＥＡ）戦後計画委員会の勧告にそった形で、アメリカの占領政策を通じて行うこととした。再宣教政策で最も憂慮すべきことはとしてミッション各派の性急な日本入りが、アメリカとの太平洋戦争に負けた日本人の国民感情を逆なでするだけでなく宣教再開の扉を閉ざしかねないとの憂慮があったからである。この憂慮すべきハードルを、事前の多角的な調査、研究及び現状分析により諸教派個々の折衝を避けることで乗り越え、共同の指揮のもとに行うことを申し合わせたのである。

日本の窓口としては、もちろん、エキュメニカルな日本基督教団という一団体となるだろうという見通しがあったことも理由にあった。そしてＦＭＣＮＡ傘下の各派は、教派別の働きを抑えて統一した手続きを踏むこととした。そしてＦＭＣＮＡのキリスト教各派は、個別の働きを抑えて統一して行うこととした。その合同の手続きとして、再宣教のために宣教師が最も自然な形で日本へ入国する方法として、日本のキリスト教指導者からの招きによって入国することが最善の方法と判断したのであった。ＦＭＣＮＡのキリスト教各派ミッションは、日本側の教会と戦前からの深い関係とパイプを持っていたが、アメリカ側はそのホット・ラインに信頼を託し、人や物資を送ることによってその関係を再構築していくことにした。戦勝国アメリカは、まず日本側の信頼を得ることから関係回復の障壁を乗り越え、敗戦国日本に招かれる形で宣教再開を実現しようとしたのである。これにより、日本再宣教を混乱なく再開することを可能とした。

相手側である日本人の心を理解し、寄り添いながら進める方法は、キリスト者として現在の時代の宣教にも政治にも求められ、そしてその手法は、高く評価されるものであると考えられる。

第2節　開戦前の日本への宣教計画

１　日本宣教の終了

日本に対する宣教を担っていたＡＢＦＭＳの一九四二（昭和一七）年の『アロング・キングダム・ハイウェイズ』によると、アメリカのキリスト教界は、日本政府のキリスト教プロテスタント各派に対する日本基督教団への統合政策が、外国からの経済的援助（基金）と影響力行使から切り離すためのものであり、日本政府の影響力を随時行使出来るという目的を持ったものであるということを認識していたことが判る[1]のは、前章でも触れたとおりである。

外国ミッションからの経済的援助は、一九四一（昭和一六）年四月頃から順次終了した。アメリカン・バプテスト伝道協会（ＡＢＦＭＳ）の例を挙げると、太平洋戦争後の落ち着きを取り戻した時代になった一九五五（昭和三〇）年にまとめられたＡＢＦＭＳと婦人アメリカン・バプテスト外国伝道協会（ＷＡＢＦＭＳ）の合同報告書『ヴェンチャー・オブ・フェイス』にアメリカ側と日本のやり取りやいきさつが確認でき、一九四一（昭和一六）年四月二〇日に日本とアメリカの相互の同意により終了したと記載されている[2]。

日本のキリスト教各派が日本基督教団に統合されることには、日本で宣教活動をしている各派外国ミッションに重要な課題として捉えられていた。ＡＢＦＭＳでは、日本の教会の歴史は、前身であったアメリカン・パブテスト宣教師同盟（ＡＢＭＵ）の宣教師達の尽力と日本の信徒達との密接な繋がりにより発展していった歴史があったことから、日本の教会にとっては大災難の時代を迎えてしまったと心配をしている。しかし、日本基督教団合同という日本の運動は、日本のキリスト教徒の将来をよりよくするという標語が当初から掲げられていたこともあり、そこからは当然、外国ミッションからの影響力行使や財政援助から日本の教会を切り離す政策が行われるだろうことが推測できた。さらにもう一つ念頭に置かなければならなかったことは、当時の日本で起こりつつあった神道は宗教でないという論理で行われる神社参拝など、現実に起きていたキリスト教迫害に繋がる事柄であった。外国の単一教派から派遣されているミッションとして、この状況に直接逆らうことは無理であった。この後の日本の宣教は、新しい日本基督教団という土台の上で行われ、宣教師達の果たす役割は、なくなっていくだろうことを予想し、承服させられていったのである。

そして、さらに時間が経って、日本の多くのキリスト教徒達は、プロテスタント・キリスト教各派の日本基督教団への統合により自主独立の歩みを進めることが、日本のキリスト教の将来にとって理想であるという考えが主流となっていった。この考えが日本のキリスト教徒達に支持されていることが現実味を帯びると、外国ミッションは、外国からの財政援助及びその宣教に伴う影響力がなくなったこともあり、日本の宣教活動が日本基督教団へ移ってしまう状況を受け入れるしかなかった。外国ミッションにとっては、日本と日本で活動する外国ミッションとの関係解除についても、両国にとってそれがベストであると、認めざるを得なくなったのである。

先に示した一九五五（昭和三〇）年まとめられたＡＢＦＭＳとＷＡＢＦＭＳの合同報告書『ヴェンチャー・オブ・フェイス』では、一九四〇（昭和一五）年に施行された宗教団体法が、日本の二つのバプテスト団体を日本バプテスト基督教団という一つの組織にするのを示唆し、そして合同直後の一九四一（昭和一六）年には、日本政府の政策によって日本基督教団へ強制的に加盟することを急がされた、そしてついに、日本のプロテスタント教会は、一つの組織に統合させられたと報告している。[3] このような事態は、現場での対応方法は別にしても、アメリカ側としては、その発端から見通していた推移であって、その状況判断及び対応にも慌てることはなかったようである。

ＦＭＣＮＡの日本に関する連続した報告を見てみると、日本側と日本で活動する外国ミッションとの関係を解除した後は、やはり日本側とアメリカ側の意思疎通がなくなり、次第に不明瞭となり、戦争の勃発によって、それが決定的になったことが明らかであった。

２　遣米平和使節団

戦争が起こる直前の一九四一（昭和一六）年三月二七日に、日本のプロテスタントの連合組織である日本基督教聯盟は、アメリカにキリスト者による親善使節（遣米平和使節団）を派遣し、日本とアメリカの戦前における、最後の連絡会を持つこととなった。派遣した日本側の参加者は、青山学院院長の阿部義宗、ＹＭＣＡの斎藤惣一、組合教会派牧師の小崎道雄、恵泉女学校校長の河井道、賀川豊彦と彼の補佐として小川清澄、このキリスト教平和使節団を組織した衆議院議員松山常次郎（戦時交換船で帰国）の七人とＡＢＦＭＳの宣教師ウィリアム・アキスリング（William Axling）、そして第1章で触れたとおり、すでにアメリカに滞在していた湯浅八郎がこれに加わっての計八人であった。彼らはアメリカのキリスト者達と理解と絆を強めるために情報と意見の交換を行っている。[4] この記録は、チャールズ・W・アイグルハート（Charles W. Iglehart）の著作にも同じ内容が記載されており、[5] アメリカで学んだ経験のある、アメリカでよく知られていた日本人達が、戦雲急なこの時、渡米したのである。同年四月二〇日から二五日にカリフォルニア州リバーサイドで、和解と平和をアピールするためにリバーサイド日米キリスト者会議を開催し、日米の共同声明（Formal Message from the Japanese-American Christian Conference）を出した。日本側は、日本基督教団の設立を報告し、日本には、信教の自由が保障され、神社参拝は宗教的なものではなく、さらに、日本政府の圧力によるものでもないと説明している。また、日本から、日本人をキリスト教信仰に導き、財政的援助、祈り、励ましを与えてくれたことに対し、「アメリカ教会への感謝状」を贈呈し、和解と平和を語った。しかし、その派遣は、何ら平和への橋渡しのためではなく、日本の弁明に終始したに過ぎず、日本政府、軍部の考えそのものを説明したに過ぎなかった。このことから、ただ、過去にアメリカのキリスト教界から日本人に対してキリスト教の信仰を与え、支えてくれたことに対する感謝状の贈呈に終わり、日本側の意図した働きは出来なかった。これにより状況は、何ら好転するわけではなく、それ以上のものではなかった。

アメリカ本国においては、日本宣教の終了に気落ちし、日本の状況を悲観的に見ているというだけではなかった。一九四二（昭和一七）年の『アロング・キングダム・ハイウェイズ』の最後に、次の様な日本のキリスト教会教師から送られた励ましの便りを載せており、日本における今後の宣教に向けて手を取り合って共に宣教を進めることに努めようとした受け止め方がみられる。

あなた方は、外国伝道を行ったことを決して後悔してないでしょう。そして私達も、イエスの教えを伝えられた事を後悔してはいません。安心して下さい。どんな困難が起こっても、私達は日本のこの国に神の国を広めるためにあなた方と共に宣教を続けていきます。共に協力し神の国を拡げるために

働きましょう。(6)

という日本人教師の手紙を載せている。関係が切られても宣教のために共に働いて行こうという奨励を日本人教師の口を通して示したのである。

第３節　日本からの退避──グリップスホルム報告

１　東アジア委員会（ＣＥＡ）の調査

アメリカ政府は、一九四二（昭和一七）年六月五日から七日に行われたミッドウェー海戦の勝利の後以降、太平洋戦争に勝利するという確信が現実味を帯びてくるに従い、日本の戦後政策においては民主化を図るという対応策が議論されていった。この民主化政策という構想の中で、キリスト教にその役割を担わせることが必要であるということが検討されたのである。このため戦後の日本再宣教についても民主化政策を併せて充分に吟味する必要性が生じていった。実際にアメリカが日本占領政策を実施するためにＧＨＱ／ＳＣＡＰが実施したキリスト教支援政策によって戦後の日本のキリスト教会が教勢を大きく伸ばしていったという状況が生まれた。

日本占領政策の実施背景には、アメリカの官民一体となった日本研究が大きな役割を果たしていた。ＦＭＣＮＡのＣＥＡ戦後計画委員会は、太平洋戦争後に想定すべき宣教計画のために引き続き日本研究を行った。この戦後の宣教政策と復興計画のための課題整理から始まった一連の準備は、敗戦後いち早く宣教再開の対応を可能とした一要因となったことを改めて強調しておきたい。

この日本研究において課題整理を行い、戦後の対応策を練るために機会が生じれば直ちに日本の状況収集を行うことが最優先事項となった。ここで戦争開始後も日本に残って在住していた宣教師達に、強制送還直前までの日本における状況報告を求められる願ってもない好機であった。これに基づいて、戦後の宣教政策をより正確に補完でき、検討すべき課題の正確さを図り、綿密化した施策を策定でき、その共有化が図ることができたのである。この調査の一つになったCEA戦後計画委員会で作成された文書番号CEA二三二は、アメリカ政府の強い働きかけで実現した第二次交換船グリップスホルム号（MS Gripsholm）の中で帰国する宣教師達によってまとめられた「日本のキリスト教活動について」[7]である。これは、当時のアメリカが知り得る最新の日本の社会状況等に対する一級の情報であった。この報告では、FMCNAに関連する教派の代表二〇名の署名と共に、日本基督教団の設立によって、多様性を持っていたはずのキリスト教各派がその特徴を失い、教派の差異があるにもかかわらず一つに統合された事実を大きな驚きをもって伝えている。また。各教派の出版物も効率化を理由にして一元化され統合されていった様子、神学教育の分野においても統合されていったことが詳細に報告されていた。

また、交換船により強制的に帰国させられた宣教師達が、日本人の同僚との友好な関係にもかかわらず戦況の悪化から日本を去ることが避けられないと考えるようになっていった経緯、自宅軟禁や抑留を経験した後に交換船に乗り込んだ話、残留した宣教師の情報も報告には含まれていた。

しかし、グリップスホルム報告の編集委員となったABFMSの宣教師アキスリングのように、戦争によって日本と母国であるアメリカの両国からスパイの容疑による厳しい扱いの例や、偏見にさらされても、民族、人種を越えて働くキリストの愛に生きようとした宣教師の存在が、その後の日本への宣教立案に大きく反映され、日本のキリスト教の再生につながったことは、日本にとって幸福であったと言える。敵国宣教師となったアキスリングの経験は、交換船グリップスホルム号で最後に帰国した宣教師達全員に通じるものであった。宣教師達は、太平洋戦争が終わった直後の日本におけるキリスト教活動において、宣教師達が最も憂慮するべき事柄について、詳細は後述するが、一つはアメリカとの戦いに負けた日本国民の国民感情に対し配慮することであり、二つ目は、日本が戦火によって失った財産を復興させることであることに絞り、これを考慮すべき項目としたことは、日本への宣教に心血を注いだ深い人間理解に基づいた宣教師ならでは洞察と証であった。

2　日米戦時交換船の経緯

一九四二（昭和一七）年六月のミッドウェー海戦の日本敗北により、日本の戦局が悪化していく中、日本政府はこれからの戦局に対応するために世論の引き締めを行った。防諜の徹底のために、被抑留敵国人の存在による戦争遂行の支障を排除することを目的とした「抑留の強化」が主張されるようになった。一九四二（昭和一七）年の六月に、日米の外交官や民間人の交換のために、日米双方から航海の安全を保障する一回目の「日米交換船」が出航した。交換船の経緯については、小宮まゆみがその著書『敵国人抑留――戦時下の外国民間人』で詳しく論じている[8]。

交換船は、開戦直後に、アメリカ側からの申し込みで始まっている。その後、日本に残留している外交官と、アメリカに残留する形になった日本側外交官を交換するために二回目の「日米交換船」が計画されたが、二回目の交換船の実現は、なかなかまとまらなかった。しかし、アメリカ国務省から一九四三（昭和一八）年八月二四日付けで、一一の北アメリカのキリスト教各派と関連団体に対し、交換船グリップスホルム号に乗る予定の宣教師の名前を公表しないよう電報が打たれた資料からは、この時には合意に至っていたと思われる。そして、交換船が出航した後の一九四三(昭和一八)年一〇月一四日にニューヨーク・ヘラルドトリビューン紙に乗船者の名前が公表された。

第二次交換船の話がなかなか進まないことに、一時、関係者は不安やいらだちを覚えたが、一九四三(昭和一八)年九月に無期延期されていた第二次交換船が、アメリカ側からの粘り強い交渉と、昭和天皇の要望から実現する。交換地に中立国ポルトガルの植民地であるインド西海岸のゴアが選ばれた。第二次交換船出航の知らせを受け、日本各地の抑留所に収容されていた外国人たちに帰国できるという知らせが届いた。抑留外国人は、在日のアメリカ人、カナダ人と南米外国人に限られていた。ゴアまでの日本側の交換船に使われた帝亜丸に乗船した外国人の多くが、キリスト教宣教師や修道女であったことから、当時の朝日新聞に第二次交換船の帝亜丸は「十字架の船出」と表現されていた。

帝亜丸は一五〇〇名ほどの外国人を乗せて一九四三(昭和一八)年九月一四日未明に横浜を出航し、上海、香港に立ち寄り、一〇月半ばにインド西海岸のゴアのマルマゴン港に到着した。そこでアメリカから派遣された交換船グリップスホルム号と出合い、乗員の交換が行われた。その後グリップスホルム号は、西アフリカのポートエリザベス、ブラジルのリオ・デ・ジャネイロを経由してニューヨークに一二月一日に到着[9]したのである。

3　報告の依頼

元々はスウェーデンとアメリカを結ぶ航路船であったグリップスホルム号は、一九四二(昭和一七)年から一九四六(昭和二一)年の間、第二次世界大戦中に交換船として徴用されたものであった。船体の赤十字から「レッド・クロス」(RED CROSS)とも呼ばれてもいた。グリップスホルム号の乗客は、中立国であるポルトガルの植民地のゴアで日本側の交換船、帝亜丸と合流して、一五〇〇名の日本人の乗客と交換をした。この時を好機としてとらえ、ＦＭＣＮＡのＣＥＡ戦後計画委員会の主事は、戦後の宣教政策を検討するため、ゴアに到着した第二次交換船で帰国してきた宣教師達を待ち構えて、最新の日本情報を得るためにキリスト教の日本における活動状況に関して報告書を書くように依頼をした。(10)

この依頼をされた、Ｏ・Ｉ・ホッジ（Olive I. Hodges）とＰ・Ｓ・メイヤー（Paul S. Mayer）は、一一月一三日に連名でＣＥＡ幹事Ｊ・Ｊ・マイケル（Joe J. Mickle）あてに、依頼の趣旨に添えるかどうかわからないが、乗船している六―七名の宣教師によって、日本のキリスト教の活動についてまとめてみるので、意図にかなうような編集をしてほしいと返信をし、(11)同時に報告の作成に取り掛かった。インドのゴアで帝亜丸から、グリップスホルム号に乗り換えた宣教師らは、無事に帰国できるとの安堵の思いと共に船旅を続けながら日本における出発に至るまでの宣教師達の活動とキリスト教の活動を船中でまとめた。

この報告書は、宣教師らが一一月二九日にアメリカ本国に到着する前にブラジルのリオ・デ・ジャネイロから空路便で急ぎニューヨークのＣＥＡ事務所に届けられた。さらに、ＣＥＡ戦後計画委員会は、日本から送還された宣教師の中から代表者を選び、ＣＥＡで協議する前の非公式会議を一二月五日夕刻からパークサイドホテルで開催した。Ｐ・Ｓ・メイヤー（Paul S. Mayer）によって報告が提出され、数多くの質疑と緊迫した討論が行われた。日本から帰国した宣教師達の全体的な報告書として、最新の有用性に富む報告であるという結論となって、Ｐ・Ｓ・メイヤー、Ｗ・アキスリング、Ｔ・Ｌ・アレン（Thomasine Allen）、Ｒ・Ｌ・ダージン（Russel L. Durgin）、Ｊ・Ｌ・フーパー（J. L. Hooper）、Ｌ・Ｓ・アルブライト（L. S. Albright）の六人を、グリップスホルム報告書の編集委員に任命して、きわめて重要な日本の最新報告としてまとめさせたのである。(12)

第4節　グリップスホルム報告の内容

1　日本基督教団の動向に関する報告

ＣＥＡ戦後計画委員会に提出された「一九四二年の六月からの日本におけるキリスト教活動について」に、第二次交換船が出発するまでの日本におけるキリスト教の最新の活動状況が報告されている。その中で取り上げられている報告内容は、一九四一（昭和一六）年に成立した日本基督教団の影響についてであった。日本基督教団の組織構成については、これまで日本国内で確認されていることと大きな相違はないが、次のように記されていた。

日本基督教団は、当初は一一の教派の部制による連合体の組織であり、合同直後は、教派の持つ建物に関係する財政については教派にまかせ、宣教にかかわる責任については教派との調整が最大限に行われるものであったが、この部制制度はすぐに廃止されてしまい、各教派の連合団体から一つの日本基督教団へと移行していった。

英国聖公会、米国聖公会の日本の教会代表者らは、日本基督教団が教派の連合体となるという初期の状況の頃は、協力をしていたが、その形態が統合という一体化された形態になるということが、見え始めた後は、統合から撤退していった。そして、当初は日本基督教団と距離を置き、しばらく加盟をしていなかった。

このことから英国聖公会、米国聖公会は、教団とは別組織の立場となり結社扱いとなっている。日本基督教団に統合されるということは、政府から認可が与えられることであり、キリスト教会として文部省の管轄下に入るが、このような結社の形になることは、組織構成単位としての法的な根拠がなくなり、不利な取り扱い受けることとなった。結社の形態であるということは、一つの教会として地方警察の監視と支配下に置かれることであった。

その後結社となった両聖公会と日本基督教団との長引く交渉の結果、一段落したのは一九四三（昭和一八）年一一月の聖公会の長老教会総会で受け入れが決まってからであった。

また、セブンスデー・アドベンチストは、最後まで最も少人数の独立教会の結社として存続し、地方警察の監視下にあった。

日本基督教団における各プロテスタント教会の活動は、経済的、便宜的効率を図るという理由で、相互に協力し合うという理由がつけられ一本化された。統合前には五〇以上の異なる教派ごとに出版業が行われていたが、これも一元化された。一元化によってキリスト教の持つ文化と弟子訓練、女性と家庭、青年、日曜学校と教師、子供たちや一般の青年欄も統合されることとなり、各派の独自性のある多様性が失われていった(13)。

この報告された日本基督教団の形態は、エキュメニカルと呼ばれる活動とは、似て非なる形態でもあった。多くの各教派別に行われていた事業についても選択作業が行われ、整理、統合が図られていった。プロテスタントの各教派は一つに統合され、さらに日本政府からの影響と挙国一致の社会状況に伴って、教派の統合を早めていった。統合前（四年前）と比較するとキリスト教の活動は、日本基督教団に一元化され、各教派は危機的な時代に陥った。しかし、それでも聖公会等の派では、その個別な独自性を存続するためと政府の認可をも確保するという二つの存在基板を獲得するために、ぎりぎりの努力があったことが見て取れるという記述もあり、統合の内情までが判るようなものであった。

これから先、日本のキリスト教界がどう生き残っていくのかを見通すのが非常に困難な状況になってしまったとするこの報告は、日本のキリスト教界の先行きを危惧したものであった。CEAは、この最新情報を確認すると同時に、この確認内容から影響を受ける範囲を類推し、その対策を図っていった。

2 神学教育分野の整理統合

グリップスホルム報告では、独自性を持つべきものと考えられていた各教派別の神学校・出版物について、効率化を理由に統合されていった様子が報告されている。日本基督教団に統合された結果として起こった出来事である。日本基督教団の教育委員会は、神学教育分野の整理統合を行い、様々な聖書神学校を統合・合併した。東京地区では、東部神学校一つとなり、神戸、大阪、京都地区には、関西学院大学の神学部に置いた西部神学校一つとなった。また、女子神学校が別に置かれた。この後、高等教育として宗教（キリスト教）部門を継続して維持できたのは、東京の青山学院と京都の同志社大学だけであった。これらの学校の一九四三（昭和一八）年四月における開校時には、日本中から八〇名の学生が集まった。四年制の学制であり、聖書、ギリシャ語、ヘブライ語、ドイツ語、英語、日本史、日本文学を開講していたが、日本史と日本文学は、日本基督教団の教育部によって認可を受けた教師が教えることになっていた。この新しい学校を卒業した者は、教師及び説教者として、結婚式や葬儀を行うことができる資格を与えられていた。

３　宣教師団の対応と強制帰国

（１）宣教師団の対応

グリップスホルム報告によると、日本に残っていた宣教師達は、一九四〇（昭和一五）年から起こった日本基督教団の統合の過程にあっては、当初、日本政府が宗教団体法によって、キリスト教を仏教と神道と併せて三つの宗教の一つとして公に承認するもので、政府当局の保護下に入るということと理解していた。このためキリスト教にあっては、外国の各教派別に物心両面の援助があって運営されていた宗教活動が、外国からの援助等を受けることができなくなり、自給独立でやっていくという道を選ぶこととなった。宣教師等は、これをやむを得ないことと受け入れた。また、教会内において重要な地位を日本人が占めるという政府の指示に従うことも受け入れていった。

例えば、一九四一年に没した、戦前の日本に滞在したことのあるアメリカン・バプテストの宣教師ウィリアム・ワインド（William Wynd）は、その著作[14]の一九章に合同教会（日本基督教団）に向けてR・H・フィッシャー（Royal Haigh Fisher）の記述を載せることで、日本に在住したバプテスト派の宣教師達にどのような心の動きがあったのかを追っている。

バプテストの宣教師達は、一九四一（昭和一六）年六月のプロテスタント教会の統合による日本基督教団の創立の日に、日本において合同教会が現実のものとなり、今後、宣教師達は、日本のキリスト教宣教活動を喜ばしい観客として天井桟敷に席を占めて見るだけになる、と見ていた。宣教師達は、日本の国民生活の中でキリスト教が、成長した状態で存続していくことに希望を託して自らを納得させたのである。このことは、太平洋戦争の直前、日本の東部組合と西部組合の合同が議論された時にＡＢＦＭＳの宣教師達が、過去の東部組合と西部組合のすみ分けの出来事を悲しむべきことであるとして総括したこととも通じている。宣教師達は、南部バプテスト組合の働きを日本の西南部に限定し、東部バプテスト組合の働きをその地域から北の方に振り分けた方法と、神学教育に於いて長続きできなかった一次合同について、無益なことをしてきたと語っている。そして、日本におけるバプテストの合同の願望が強くなり、その委員が選任されたことを幸いとし、一九四〇(昭和一五)年の年明け早々に、兵庫県姫路にあった日ノ本女学校と姫路教会で行われた総会でバプテストの合同を決議したことについて、これで地図上の境界線・すみ分けは消されたと将来の宣教活動に託したのである。

戦時体制が進む状況の中で、一九四〇(昭和一五)年の『日本バプテスト教報』は「宣教師団の申し合わせ」を載せている。それは次のような記載内容のものだった。

われわれは、ミッションとして日本バプテスト基督教会が新年度より自給独立するに至るまで進展せし事を心から祝する。われわれは過去に於ける教団の進歩に対して神に感謝すると共に、日本の兄弟らが時局に対して有せらるる先見と勇気とを見て誇とする者であって、バプテスト教団とそれに関する諸団体との発展に深い関心を抱き、熱祷を怠らない者である。右決議す。(15)

当時の教会は国策に沿って外国からの援助を受けられなくなり、自ら自給独立の道を選ばねばならなくなった。このことについて外国ミッションは、宣教の側面から手が出せない残念なことで、断腸の思いを感じたことだろう。しかし、宣教師達は、これは良い出来事であると見なして、あくまで前向きに受け止めようとしていた。日本人自身が宣教活動を行うことを評価し、精神的な激励を与える姿勢を見せることによって納得しようとした。その後、宣教師・婦人宣教師達は、戦時体制が進むにつれて、いつの日か日本に戻ることを期待しつつ順次帰国することになったのである。

(2) 宣教師団の帰国

太平洋戦争の開始以来、日本基督教団の中には宣教師の居場所がまったくなくなったにもかかわらず、日本に残った宣教師らのグループがある。通常の仕事と多くの日本人友人の期待と同僚らの温かい協力と多くの教会のリーダーの願いに応えるために日本に残留することを決意した人達であった。

開戦直後、多くの宣教師が抑留され、伝道の仕事は縮小、ある場合は中止ということになったが、日本のキリスト教指導者の多くは、残留宣教師を歓迎していた。しかし、歓迎と同時に同じ教会やキリスト者という理由から宣教師達の安全に大きな責任を感じ、状況の厳しさから宣教師がうまく退去（帰国）出来るように、帰国事業がうまく運ばれるべきとも考えていた。宣教師達が抑留され、外部と隔てられても、日本人の同僚や友人らは、宣教師の存在から真の力と霊性を感じ取ろうとしていた。これが、日本人の間でも宣教師の撤退を避けられないとする意見と残留すべきであるという意見が分かれた理由であった。

グリップスホルム報告によれば、日本政府は、宣教師に一九四三（昭和一八）年の夏の終わり九月二日までに日本からの出国の用意をするよう通知している。この要請は、日本に残留したいと思っていた宣教師にとって日本退去を避けられないものにした。宣教師達は、日本を去る瞬間まで日本のキリスト教徒達やキリスト教徒でない人達を含めて双方との交わりと暖かさと親切さに感謝して、日本を去っていったと思いたい。しかし、日本人家族の存在や中立国の宣教師その他の事情でこの交換船に乗らなかった残留の宣教師も存在している。グリップスホルム報告の記録によれば交換船に乗らなかったプロテスタント宣教師は、三九名にのぼっていることが記載されている。

一〇名はドイツ人、七名はフィンランド人、六名がイギリス人、一名がカナダ人、一五名はアメリカ人である。ドイツ人とフィンランド人は拘束されていなかった。二一名のイギリス人、カナダ人、アメリカ人の宣教師九名は、すみれキャンプという場所に抑留された。バーネット（Ms. Barnet）、ネットロン（Ms. Nettleton）とパール（Ms. Parr）の三名は前橋の自宅で軟禁されている。また、以下の八名は、抑留されたが軟禁はされていなかった。メアリー・デントン（Ms. Mary Denton）、サラ・アンドリュース（Ms. Sarah Andrews）、H・H・タッピング（Mrs. H. H. Topping）、ルース・ワード（Ms. Ruth Ward）、J・F・グレセット（Mr. J. F. Gressitt）、ジェッスイ・ウェングラー（Ms. Jessie Wengler）、ケイト・バーグレイ（Ms. Kate Bagley）とH・H・コーテス（Mrs. H. H. Coates）である。M・M・スマイサー（Rev. M. M. Smyser）とマーベル・ダニエル（Mrs. Mabel Daniel）の二人については不明である。

教派別の内訳は、日本組合基督教会――一、アメリカン・バプテスト外国伝道協会――二、アッセンブリーオブ・ゴッド――一、中央日本開拓ミッション――二、キリスト者宣教師アライアンス――二、英国教会――一、英国教会伝道会社――二、福音教会――三、インデペンデント――五、リーベンゼラミッション――六、フィンランドルーテル福音教会――七、メソジスト――一、オストアジアミッション――三、長老派――一、アメリカ改革教会――一、カナダ合同教会――一であった。

戦争が始まってから、四名の宣教師が日本で亡くなっていた。W・P・ボンコム（Rev. W. P. Buncomb）、J・E・ハイル（Mrs. J. E. Hail）、J・A・ヒュイット（Mr. J. A. Hewitt）、H・H・タッピング（Dr.

H. H. Topping）であった。

また、ドイツ人とフィンランド人の宣教師は拘束されなかったが、日本基督教団と友好関係を保ちながら伝道する困難さのために資金を得るのが難しくなっており、個人的な接触以外は制限されていた。

グリップスホルム報告ではこの他に、日本のキリスト教徒のおかれた不利な状況として次のように報告されている。戦争による人手不足のため牧師も生産的労働にかり出され、教会の活動が停滞していること。教会の礼拝出席者の減少は、信者が信仰を捨てたり教会から離れていたりしているためではなく、勤労奉仕か配給に並ぶためにむずかしくなっていることによるものであること。多くの日本人はキリスト教を外国の宗教と見なしており、実際に迫害が起こっていること。さらに、賀川豊彦が行っている東京、大阪、神戸での社会福祉活動と、彼が東京・中野の病院を支える協力教会を回り、クリスチャンのモラルを保つよう強め励ましていることや、日本の社会福祉、日本聖書協会やミッションスクール、日本のユニオン教会、社団についても報告が記載されており、当時の日本のキリスト教の活動が本国に帰国する宣教師らからの情報収集から編集委員の宣教師達によって情報がまとめられていた。これらがグリップスホルム報告の内容であった。

４　宣教師の苦難

交換船で帰国した宣教師の心情を、第二次交換船で帰国した、グリップスホルム報告の編集委員の一人であり、関東学院大学元理事長でＡＢＦＭＳの宣教師Ｗ・アキスリングは、日本での宣教師活動の回想録を残している。[16] そこには、宣教師個人の見た自宅軟禁と二年間の抑留の様子、八〇日間の航海を経て、アメリカ本国のニューヨーク港に入った時の様子が描かれている。

小宮まゆみによれば、アキスリングは東京と埼玉で抑留された。[17] 東京の抑留所は、国際的な収容キャンプに関する条約に関する知識があったので、後に収容される埼玉の抑留所ほどは、不当な扱いは受けていなかった。後で抑留された埼玉県抑留所は、聖フランシスコ修道院を接収した場所で、宣教師以外は、教師、医師、ジャーナリストなど知識層が多数を占めていたとされている。しかし、アキスリングは、アメリカやヨーロッパの有名、名門の一流の教育を受けた人々が、日本で高い志を果たさんとしてやって来たにもかかわらず、日々彼らの頭を占めるのは、食べ物の事ばかりであった。食糧を求める日々は、彼らの人生をかけるに値する意義深い志をも見失ってしまうようであったと苦悩を記している。

アキスリング自身は東京での抑留時のエピソードを次のように記している。

アキスリングは、当時、宣教師としての任期の終わりを迎えていた。他の宣教師らに比べ年長であったが、抑留所での仕事は高齢な人々へも、容赦なく課せられた。日本の寒い冬の宿舎では、暖房が切り詰められた上に、食糧事情も悪く、しもやけを悪化させたアキスリングが大きな松の切り株掘り作業に苦労をしていた。普段は厳しい看守長は、しもやけで難儀をしている老齢の彼を気にかけていた。ある日、看守長は白い手袋を彼に手渡す。それは、年長のアキスリングのために看守みずから、町中の衣料品店を探し回り、やっと見つけた一組の白い手袋であった。厳しい監視の日々に、寒さと手の痛みに苦しんでいたアキスリングを気づかい、敵国人の彼に示した看守の心遣いに敵国同志であっても戦争で隔てられたすべての東と西の人間の心に植えられた神の愛があると断言している。

アキスリングは、抑留され、交換船グリップスホルム号で妻と共に本国へ向けて出発する。彼らは、八〇日の航海を経て、ニューヨークの港に入港するが、その際、エリス島をまともに見ることができなかったと記している。エリス島は「自由の女神」でアメリカを象徴する島だが、かつては、国外から新天地アメリカへ入国する移民を検閲する場所であり、太平洋戦争中は、アキスリングら、敵国から帰国する人々にとって、本国を目前にした緊張を伴うニューヨークの関所とも言うべき場所へと変貌していた。日本に抑留されていた他の仲間がアメリカに上陸を許されていくのを横目にアキスリング夫妻は、スパイ容疑の取り調べを受けることになった。男女別の監視下に留め置かれ、その後、何時間もの間、スパイの容疑に対する審問が続き、さらに持ち物を、公私にわたる書類からリネン一枚一枚にいたるまで調べあげられたとその屈辱を嘆いている。[18]

アキスリングは、戦争回避のために日本からの遣米使節団の一行に入っていたこともあり、アメリカでは平和主義者、国際主義者として知られており、宣教師の中でも親日的であったのが取り調べの理由となった。日本、そして、本国アメリカにおいても二重にスパイの容疑をかけられ調べを受けたのである。愛する日本と生まれ故郷であるアメリカの二つの国から受けた扱いについては察するにあまりある。しかし、このような不条理で理解しがたい体験を通しても、なおアメリカは彼の母国であり、恩恵を与えられた国に対する愛情と忠誠は変わるものではなかった。さらに、アキスリングは、彼の両国に対する愛にもかかわらず戦時中に厳しい扱いを受けた境遇、苦しい体験の中にさえ、両国民に対する深い愛を体験していったという。それは、キリストに根差し、人が定めた国境や民族の垣根を越えて働く、キリストを根源とした愛であるとアキスリングは述べている。そして戦時中のアキスリングのこの愛の自覚が、その後の日本とアメリカにおける働きを基礎づけたものであり、それは、交換船に乗った宣教師達とも共通する、強い日本再宣教の願いであった。このような意味でもグリップスホルム報告は、日本のキリスト教再宣教にとって大きな意味を持っていた。

第5節　アメリカの危惧

グリップスホルム報告では、日本基督教団の理事会と伝道委員会において、一一の教団教区のキリスト教各派の韓国及び台湾の日本人キリスト教徒への伝道プログラムについては、統合され伝道プログラムに基づき進めているという内容が示されていた。また、CEA戦後計画委員会でも日本政府が日本基督教団を宗教団体法に基づく宗教法人として認可したのは、キリスト教が国際的な繋がりを持っていることから、宣教地のキリスト教関係者と交流し、宣撫工作に従事させるのではないかという警戒の危惧を持っていた。

日本側資料によれば、日本基督教団は、自主・独立の名分のもとに、国策に伴い中国進出を図っていた。日本基督教団の外国活動は主に中国大陸であり、特に華北・華中における中国人のキリスト教徒に対して外国ミッションとの関係を絶ち、日本と提携するように促す働きかけを行っていた。このことは、アメリカ側の大きな危惧となっており、日本とアメリカの関係で意思疎通が図れなくなっていった大きな要因の一つでもあった。

1　日本の中国進出

チャールズ・W・アイグルハートは、日本の中国への伝道である東亜伝道について、一九四一（昭和一六）年に統合した日本基督教団の日本東亜伝道会が行っており、民間にあって国策に協力する補完的な存在となっていたと論じている。[19] また、大東亜省の下で日本基督教団は組織的な視察活動を行い、アジアの人々との調和と講和を図るという名目の仕事としてアジアへの影響力を拡大していた[20]。しかし、その任務は日本人の居住者への単なる伝道だけではなく、日本が占領した地域の中国人キリスト教徒を日本基督教団に組み入れるための働きであった。それは、日本軍の権限の下に各占領地のキリスト教徒との接触を通じて任務が行われていた[21]。この任務に教団から指導者が参加していたが、次第に重要な任務として必要視され、また、日本国内では、アジアの広範囲な地域への拡大策を支援する熱心に支援する人々を伴って行われていった。華北では、日本軍の権威によりそって教団に代わる教会連合を設立している。華中では元教職者が中国の教会と日本軍当局（官憲）の間で現地に居住して連絡係をしており、それは、太平洋戦争の敗戦時まで続いていた。

このような事実は、断片的であるがアメリカとして知り得た最新情報でもあった。日本側の東亜伝道の動きは、最新の情報として直接見聞してきた帰国宣教師によるグリップスホルム報告によってもたらされた最新の重要情報であった。アメリカは、日本の占領下の全地域におけるキリスト教徒と日本軍当局の関係について、既に日本が描いていると思われる極東の教会に対しての将来構想に向けた広範な動きと連動していることを警戒したからである。

アメリカン・バプテストに届く日本についての断片的な情報の中で、一九四三（昭和一八）年の年次報告に日本の東亜伝道に関しての報告が若干記載されている[22]。占領下の中国に派遣された日本の宣教師である某氏の中国における視察報告に注目し、これは、日本基督教団の明白な中国への働きかけであるとして強い関心を示している。派遣された日本人宣教師の中国への旅が、明らかに日本が占領した地域の中国人キリスト教徒を日本基督教団に組み入れるための働きであったと察知していたのである。

2 日本バプテスト基督教団の東亜伝道

日本バプテスト派の東亜伝道に対する動向についてさらに詳細に見てみる。一九三八（昭和一三）年三月一八日、第二五回日本バプテスト教会組合総会が広島バプテスト教会で開催された。この時、既に予測されていたかのように東西バプテストの合同を見越したかたちで総会の第二号議案に東亜伝道に関する件が掲げられていた。この案は、西部組合伝道部から日本バプテスト教会組合総会に出されたもので、この総会の名において東亜伝道に協力することを満場一致で承認している。[23]

東西バプテスト合同の際にあっても、西部バプテストが行っていた満州への東亜伝道が、日本バプテスト基督教団へ引き継がれ、続いて一九四一（昭和一六）年に統合した日本基督教団の日本東亜伝道会に引き渡されていった。[24]その後の東亜伝道については、教団が国家の統制と動員ために、民間にあって国策に協力する補完的な存在として振る舞っていったように思われる。

ちょうど一九三九（昭和一四）年一二月二六日付と一九四〇（昭和一五）年一月一三日付で日本バプテスト東部組合事務所菅谷仁主事宛てにバプテスト教師安村三郎からの手紙が二通届いていた。内容は、中国の南京で国際難民救済委員会を組織したが、自分の後任を探しており、日本軍の特務部で手続きをしたいからバプテストから一名派遣できないかというものであった。南京の良民収容所を本拠として、キリスト者として中国人の間に食い込んでいく任務であり、外国宣教師達と衝突しないで勧めていく、いわゆる工作の仕事であった。俸給についても細かく記載しており、他の教派からも、任務者が入って来ているとも書かれていた。[25]

さらに一九四〇（昭和一五）年一月三日から五日にかけて日ノ本女学校並びに姫路バプテスト教会で引き続き開催された第二四回日本バプテスト東部組合年会報告[26]及び第二六回日本バプテスト教会総会報告書[27]

によれば、東亜伝道に関する件は、東西両組合年会に於いて推挙された委員によって行われることになり、緊急動議で、今後、東亜伝道を東亜局の東亜伝道会に引き渡すことに関し、教団の理事会に善処してもらう旨を決議すると共に、中国の大連バプテスト教会を東亜伝道会に委譲することを承認している。このことからは、東亜伝道が国策に沿った、しかも、軍を後ろ盾にしたものであったことが推測された。このような中国での日本の動きは、アメリカ側の見解が裏付けを持った確かな当を得たものであること示している。

第６節　日本における宣教再開への礎

ＣＥＡ戦後計画委員会の報告における日本分析をみると、アメリカ側の一方的な見解によるものではなく、綿密な課題整理と調査分析による結果であったことが理解できる。ＦＭＣＮＡは、太平洋戦争後の宣教計画のために日本を日本人の持つ意識から調査・研究を行った。その調査・研究の結果から、課題整理を図るため、さらに日本の状況収集を行っており、日本に在住した宣教師の最新の現状報告を求め、これに基づきより正確な戦後の宗教政策を立案し、対日政策の共通認識に加え、提言したのである。

アメリカ政府は、太平洋戦争に勝利するという確信が現実味を帯びるに従い、日本において民主化を図る対応策として、キリスト教再宣教による方法を吟味し議論していった。この背景には、アメリカの官民一体となった日本研究が大きな役割を果たしていた。ＦＭＣＮＡの外国伝道の地理的な領域委員会でもあったＣＥＡ戦後計画委員会による戦後の宣教政策と復興計画のための課題整理から始まる一連の準備は、敗戦後の日本でいち早く宣教再開の対応を可能とした一要因となったのである。

グリップスホルム報告には直接触れられていないが、ＦＭＣＮＡの行った、ＣＥＡによる課題整理の考え方の流れが、第４章で述べるが太平洋戦争終了直後の日本におけるキリスト教宣教活動において宣教師達が最も憂慮するべき事柄を、アメリカとの戦いに負けた日本国民の国民感情に対する配慮であったこと、そして日本が失った財産の復興等であったことという二点に絞ったことが、戦後の日本に対する宣教再開のために幾つかの宣教政策となり、宣教再開と和解の道が、日本の状況に呼応するかたちで開かれていったことに繋がっている。このような意味でいえば、アメリカ側が得た最後の日本情報となるグリップスホルム報告は、最新の日本の状況判断材料となるとともに、深い人間理解に基づいた宣教師達の洞察に満ちた思いが報告中に書き込まれ、引き継がれていったものとなったともいえる。

グリップスホルム報告は、日本への宣教再開に大きな役割を果たした貴重な報告であった。

註

（１）Annual Report of the Board, *Along Kingdom Highways*, American Baptist Foreign Mission Society & Woman's American Baptist Foreign Mission Society, NY, 1942. pp.13-14.（以下、*Along Kingdom Highways* と略す。）

（２）Robert G. Torbet, *Venture of Faith*, ABFMS & WABFMS, Philadelphia, Judson press, 1955. p. 548.

（３）*Ibid.*

（４）*Along Kingdom Highways*, 1942. p.14.

（５）Charles W. Iglehart, *A Century of Protestant Christianity in Japan*, Tokyo, Tuttle Company, 1960. p. 237.

（６）*Along Kingdom Highways*, 1942. p.14.

（７）Report on The Christian Movement In Japan Since June, 1942, CEA232, MRL12, Box 36, B.L.A,13 Dec. 1943. pp. 1-9.

（8）小宮まゆみ『敵国人抑留――戦時下の外国民間人』吉川弘文館、二〇〇九年。七二頁。
（9）Report Of The Christian Movement In Japan Letter, CEA232, MRL12, Box 36, B.A.L, 13 Dec, 1943. および "Summary of Step taken by the Department of State in behalf of American nationals in Japanese custody" Department of State, Washington, 12. Jan 1944. p.1.
（10）Ibid.
（11）Letter, Olive I. Hodges, Paul S, Maye to Joe J. Mickle, MRL12, B.L.A, 13 Nov, 1943.
（12）Report of The Christian Movement In Japan, CEA232, MRL12, Box 36, B.L.A, 13 Dec. 1943.
（13）Report Of The Christian Movement In Japan Since June, 1942, MRL12, Box 36, B.L.A, 13 Dec. 1943. pp. 1-2.
（14）William Wynd, *Seventy Years in Japan, a saga of Northern Baptist*, NY, ABFMS, 1943. pp. 283-284.
（15）『日本バプテスト教報』第一一六五号、昭和一五年一一月二〇日。一頁。
（16）William Axling, *Japan Midcentury at the Leaves from Life*, American Baptist Publication Society, 1955.
（17）小宮まゆみ『敵国人抑留――戦時下の外国民間人』吉川弘文館、二〇〇九年。九七頁。
（18）William Axling, *Japan Midcentury at the Leaves from Life*, American Baptist Publication Society, 1955. p. 149.
（19）Charles W. Iglehart, A Century of Protestant Christianity in Japan, Tokyo, Turttle Company, 1960. p. 243.
（20）原真由美「太平洋戦争下におけるアメリカン・バプテストの宣教政策に関する一考察」『キリスト教と文化』第一〇号、関東学院大学キリスト教と文化研究所、二〇一二年三月。七五頁。
（21）Charles W. Iglehart, p. 246.
（22）*Along Kingdom Highways*, 1943. pp. 44-46.
（23）「第二五回日本バプテスト教会総会記録」昭和一三年三月。
（24）土肥昭夫『日本プロテスタント・キリスト教史』新教出版社、一九八七年。三五七、三六〇頁。
（25）安村三郎から日本バプテスト東部組合事務所主事・菅谷仁宛。（原真由美所蔵）
（26）「第二四回日本バプテスト東部組合年会報告」昭和一五年一月三日。

(27)「第二六回日本バプテスト教会総会報告書」昭和一五年一月四日。

第３章　日本のキリスト教各派の合同と社会

第１節　各派の統合

前章まででみてきたが、ここであらためて日本側の動きをまとめておく。

一九三九（昭和一四）年四月に宗教団体法が公布され一九四〇（昭和一五）年四月に施行された。これに促される形で日本のプロテスタントのキリスト教各派は、小教派を含めて統合し、日本基督教団が結成された。もちろん、統合に向けての政治的・強制的な圧力は大きく、異議を唱えることは難しい状況にあり、この統合政策に対抗することができず、教派の存続を図るためもあって体制に追従したという経緯が見て取れる。しかし、太平洋戦争後の落ち着いた時点で見直してみると、日本のプロテスタント各派は、キリスト教の持つ機能・主張を充分に発揮することが出来ない状況になっていたと言える。むしろ、プロテスタント教会側には、国家に公認される、保護を受けられるという思惑があり、他の宗教団体との格差を図ることができるという考えがあった節も見え隠れするのである。

プロテスタントのキリスト教会として、最も早い時期に統合に向けての動きに対応したのがバプテスト派であったと言われている。まず、既存の日本バプテスト東部組合と西部組合が一九四〇（昭和一五）年に合同し、日本バプテスト基督教団が成立する。その後、一年も経たない間に、日本基督教団の結成に参加した。バプテスト派の中では、日本バプテスト基督教団として単一教団になってまもなく、一年もたたないうちに日本基督教団に統合されるのは如何なものかとの疑義や反対もあったが大きな問題にもされず日本基督教団へ統合の道を選んだ。だが、日本基督教団への統合に反対したプロテスタントの派もあり、耶蘇基督之新約教会、セブンスデー・アドベンチスト、プリマス・プレズレン等の派は、日本基督教団に加わることは無かった。

日本基督教団は、当初一一の部制を採用し、各教派の伝統を認めるはずであった。日本バプテスト基督教団は、第四部所属となったが、僅か一年後には、部制が廃止となる。これを政治的な日本の流れから見れば、日本が太平洋戦争に突入するのを側面から補完した筋書きともなっており、挙国一致体制組織に組み込まれたということになる。この後、日本基督教団は統理となった富田満のもとに一元化された統制時代に入り、政府の国体護持の政策方針に従うこととなっていった。

結果として言えば、宗教団体法の成立により、日本政府による外国からの援助資金と影響力の切り離し政策が図られ、完了した。先に前章でも述べたが、アメリカン・バプテスト外国伝道協会（ＡＢＦＭＳ）の組織的な日本への宣教は、日本基督教団の設立の前に一九四一（昭和一六）年四月に終了し、一元化させられた。しかし、アメリカ側は、違った見方をしていた。太平洋戦争下にあっても、アメリカ政府やキリスト教界は、日本との戦況を注意深く見つめており、日本への占領政策・再宣教政策の立案に当たって、この戦争を引き起こした日本人の心に潜む根源までを勘案しておくべきだとの考えから動き出していた。

そして、その見方は、日本の敗戦を想定しつつその戦後の日本への占領政策・再宣教政策を見据えて模索しはじめたものであった。

北アメリカ外国伝道協議会（ＦＭＣＮＡ）において行われた日本研究についても、日本での宣教再開に当たってという明確な目的を持った課題整理であったが、すでに前章で述べたように、日本人の特質に至るまでの検討を含めた綿密なものであった。

第2節　日本バプテストの合同

日本のプロテスタント諸派の日本基督教団への統合までの経緯を掘り下げてみたい。プロテスタント各派では、既に多くの研究者の研究があるので、筆者の属するバプテスト派について見る。

1　合同問題研究委員会の設立

一八八九（明治二二）年一一月七日から九日までの三日間に横浜でＡＢＦＭＳから派遣された宣教師の交際会が開かれた。これは、非公式な会議だったが、ここでアメリカ南部バプテスト連盟（Southran Baptist Convention 以下ＳＢＣ）から派遣[2]され、一八八九（明治二二）年一一月五日に横浜に上陸したジョン・W・マッコーラム夫妻（John William McCollum）とジョン・A・ブランソン夫妻（John Alexander Brunson）といった宣教師も招いて交際会を開催することを決議している。

なお、北部バプテスト同盟（ＮＢＣ）の構成団体の、アメリカン・バプテスト宣教師同盟（ＡＢＭＵ）から派遣されたN・ブラウン夫妻（Nathan Brown）とJ・ゴーブル夫妻（Jonathan Goble）は、一八七三（明治六）年二月七日に横浜に上陸しており、この上陸から始まった日本におけるバプテスト派の歴史は、すでに一四〇年以上が経っている。

正式な日本のバプテスト宣教師会は、一八九〇（明治二三）年一二月二八日から三一日にかけて神戸で開催されてから、毎年開催された。この後、ＳＢＣのマッコーラムは、大阪地区における宣教活動を一時受け持ったが、二年後の一八九二（明治二五）年から、ＳＢＣは九州伝道を開始した[3]。日本のバプテスト派の中でＡＢＦＭＳとＳＢＣの伝道地が分けられたのである。

この後、一九〇八（明治四一）年にＡＢＦＭＳとＳＢＣの両ミッションの代表が下関に集まり、広島県以西及び四国の伝道をＳＢＣに移譲することになり、しばらく日本バプテスト東部組合、西部組合と分かれている状態[4]が続いていった。

一方で、このような日本におけるバプテスト組合の両立のなかで、再び東部組合と西部組合の合同問題が検討されるようになってもいく。この両組合の合同問題は、一九三五（昭和一〇）年五月二二日から二三日にかけて兵庫県の有馬温泉・奥ノ坊で開催された第一九回日本バプテスト東部組合年会で、公式に東西両組合の合同問題の研究が進められることになった[5]。この決議により、「日本バプテスト東西両組合合同問題研究委員会」を発足し、東部組合の委員としては、千葉勇五郎、大澤孫一郎、藤井藤太、澤野良一、友井楨、高橋輝明、渡部元、Ｗ・アキスリング（William Axling）、Ｄ・Ｃ・ホルトム（Daniel Clarence Holtom）、Ａ・Ｃ・ビックスビー（Alice Catherine Bixby）が選出された。

また、西部組合では、一九三四（昭和九）年に開催された第三二回西部組合年会で東西両組合の連絡問題研究委員を選出し、一九三五（昭和一〇）年四月二日から四日に行われた第三三回西部組合年会では、東西両組合合同促進のため、荒瀬鶴喜、天野栄造、片谷武雄、黒田政治郎、三善敏夫、尾崎主一、下瀬加守、谷広虎三、為近貞義、熊野清樹の委員を既に選出した。[6] 東部組合と西部組合では同数の委員である。しかしこのことは、西部組合側が合同に積極的であったわけではなく、東部組合側の方が積極的だったようだ。

なお、東西合同については、一九三〇（昭和五）年頃にも有志による「東西バプテスト合同促進会組織申し合わせ」が成立し、動きが始まったという記録も見受けられるがその詳細な記録は見当たらない。

続いて、一九三六（昭和一一）年には、教会合同委員会が設置されたとあるが、具体的な活動内容の記録がなく、実際の活動があったか確認は出来ていない。この時には両組合には、まだ合同に向けての積極的な行動は見当たらず、社会情勢にも切迫感は感じられていなかった。

2　東部組合財団（財産管理団体）の設立断念

一九三七（昭和一二年）五月二六日から二八日にかけて横浜の関東学院教会（現霞ヶ丘教会）で第二一回日本バプテスト東部組合年会[7]が開催された。第二一回年会記録では、一九二〇（大正九）年の第四回日本バプテスト東部組合年会からの懸案事項であった東部組合財団（財産管理団体）の設立が、文部省から「伝道社団及び財団法人の二団体の設立を認めず寧ろ、日本バプテスト伝道社団の理事に過半数の邦人を入れて改組する。」という指導があったことから断念することになった。第二一回年会記録によれば、バプテスト伝道社団の内規を定めている。そして、一九〇一（明治三四）年に設立された宣教師会の組織である「日本バプテスト伝道社団」を東部組合の組織に組み入れることで対応することとした。この記録は、このころから財政問題についてすでに外国からの影響排除という日本政府の干渉が次第に強く、また多く受けるようになってきたことを感じさせる出来事であった。

3　東部組合と西部組合の合同の進展

東西合同に対する積極的な動きについては、一九三八（昭和一三）年頃から本格的に動き始めた。理由は、国内の政治情勢が後押しする形で、国の統制強化という要因が強くなってきたことにある。機関誌である『基督教報』にさえ「国体」という言葉が踊り出した時でもある。先に記述したように、東部組合側は当初から東西一緒にやっていこうという意識が強くあったように思われるが、西部側は、東部側の西部側に配慮しない行動に反発して、独自に活動しようとした経緯があり、また、それは、米国の南・北両バプテストのミッションの影響が、日本側のそれぞれの組合に強く残っていたという事情があったからである。しかし、このことはまだ東西両組合間の意識の問題としてあっただけで、国の介入という状況がこの後、急速に両組合間で意識された問題となってきた。

一九三九（昭和一四年）に入るとこの問題は急速に進展した。同年二月二一日から二二日にかけて有馬温泉奥之坊で「東西合同に関する有志の会合」が開催された。また、同年五月一七日から一九日にかけて四谷教会で開催された第二三回日本バプテスト東部組合年会では、東西合同問題[8]が中心問題として議論された。

その後、同年九月一二日から一四日有馬温泉で第一回東西組合合同委員会が、また、同年一一月二八日から三〇日に宝塚寿楼で第二回東西組合合同委員会が開かれた。なお、東西組合の機関誌の合同は、合同委員会の動きよりも早く、合同を見越した委員会が同年五月二二日に開催され、実態として動き出している。

東西合同は、一九四〇（昭和一五）年の年明けに起こった。一月三日から五日にかけて兵庫県姫路の日ノ本女学校及び姫路教会で「第二四回日本バプテスト東部組合年会」が、同じく「第三八回日本バプテスト西部組合年会」が同場所、同時期に開催され、初日の三日に両組合は同年三月三一日に解散することが決議された。引き続いて、両組合は、第二六回「日本バプテスト教会総会」[9]を開催し、翌四日には、東西組合の報告を承認後に総会名称を「日本バプテスト基督教団総会」[10]とし同四日から五日までの会期の組織総会とした。ここに「日本バプテスト基督教団」が成立して、東西両組合の合同が成立した。

この時の婦人達の動きについて捕捉しておくと、東西両組合の合同に伴って婦人部も合同することになり、一九四〇（昭和一五）年に東部組合婦人部は解消し、東部組合時代の歴史を終えることになった。この間、東西両組合合同の前に婦人会間で話し合いを持つなどの自主的な取り組みはなかった。東西両組合が合同したので、婦人会組織もそれに伴って合同したという意識程度であったようだ。その理由の一つには、西部組合の婦人会は、組合内の組織であり、東部組合より組合への従属性が強い傾向があったため、西部組合の婦人会では、自主的な行動が取れないという理由があると考えられる。また、東部組合の婦人部も、組合での位置付けが補完的なものとして考えられていたことから、西部組合の場合と同様に、組合決定に意見を挟むことは出来なかったからと考えられる。どちらにしても、日本人のキリスト教徒の意識には、個の意識も異議申すという考えも希薄で、指導者に認めてもらおうという意識状況にあり、国家主義（全体主義）の考え方が入り込みやすかったと考えられる。

なお、婦人達の組織総会時には、婦人部の部長に山田千代、委員に尾崎米子、熊野ます子、佐々木きく子、水町千代子、手島ふじえ、ドージャー、山本君代、橋本きよ子、佐藤とく、島村ヤマ、佐々木愛、ジェスイー、ニコルソン、ライダーの名前がある。山本君代が残した婦人の動向記録で見ると、この経緯については「やがて昭和十五年（一九四〇年）一月に至り東部組合と南部組合との合同が成り、従って、婦人部も合同して発展解消するに至った」と記載しているのみとなっている[11]。

4　東部組合と西部組合の機関誌合同

東西組合の機関誌の合同問題は、合同委員会の動きよりも早く、すでに合同を見越して一九三九（昭和一四）年五月二二日に委員会が開催され、同年八月一日には、東部組合の『基督教報』と西部組合の『バプテスト』の両機関誌が『日本バプテスト教報』と改称し、第一一四四号・合同記念号を発刊した。東部組合と西部組合の合同を既成の事実として有無を言わさず合同を前提に進めていったことを表している。東部この合同記念号に書かれていることは、一つは東西両組合の合同の先駆け、推進役としての意義であり、二つは具体的に書かれることはなかったが、昭和一五年四月一日から施行される宗教団体法に対しての対応策ということが端々に散見される機関誌であった。

東部組合婦人会長である、青柳春子は、この時、「今や時局重大なる時、日本に於ける基督教会が祖国に対する使命の重い事は今更申すまでもない。この使命達成のためには、私共婦人の務めもまた決して軽いものではない」とこの合同機関誌発行記念に書いている。[12]また、昭和一五年一一月二〇日付け第一一六五号の婦人欄では「目下の非常時に・・・」と書き、婦人達が自らを納得のために「東西両婦人会の皆様へ・・・」と題する文章を掲載している。[13]その心中はどのようなものだったのか推し量れないが、キリスト者としては、苦渋に満ちた末の寄稿だった推察されるものだった。

この後、『日本バプテスト教報』は、一九四一（昭和一六）年一二月五日に第一一七六号をもって終刊することとなった。その後、一九四二（昭和一七）年に日本基督教団他部の機関誌と統合した『基督教世界』が発刊されたが、それも同年中に『福音新報』及び『るうてる』と統合して日本基督教団機関誌として『日本基督教新報』となった。この一元化により、各教派としての主張の場は無くなり、政府の意向を忖度した広報誌然とした機関誌となっていった。両組合の機関誌合同に至るまでの経緯は次のようになる。

一八九六（明治二九）年　『バプテスト教報』を日本基督教浸礼教会派機関誌として発行。

一九〇四（明治三七）年　『バプテスト教報』を『教報』に名称変更。

一九〇五（明治三八）年　『星光』を日本基督教浸礼教会派西南部会機関誌として発行。

一九〇九（明治四二）年　『星光』を廃刊。（当面『教報』のみとなる。）

一九一六（大正五）年　『教報』を『基督教報』（週刊）に改題。

一九二九（昭和四）年　『基督教新報』を一月から一二月（休刊）まで西部組合機関誌として発刊。

一九三〇（昭和五）年　五月一〇日、西部組合機関誌『基督教新報』を『聖戦』に改称して発刊。

一九三四（昭和九）年　西部組合機関誌『聖戦』を『バプテスト』に改称し発刊。

一九三九（昭和一四）年　五月二二日、東西組合機関誌合同に関する委員会を開催。

一九三九（昭和一四）年　八月一日、東部組合『基督教報』と西部組合『バプテスト』の両機関誌を『日本バプテスト教報』と改称し、第一一四四号を合同発刊。

一九四一（昭和一六）年　一二月五日、『日本バプテスト教報』第一一七六号で終刊。

第3節　統合・合同と日本の社会背景

1　日本バプテスト基督教団

日本においてバプテスト派が統合し、日本バプテスト基督教団の設立に至った主たる外的要因としては、国内外に山積みとなった日本を取り巻く社会情勢に対して、日本のバプテスト派がどのように対応するかという対応策としての意味合いでもあった。そこに至った要因を挙げると次の四項目が挙げられる。

①アメリカからの援助金の減少。

アメリカ・ミッションが、その援助金をより必要とする外国の他の宣教地支援のために、限られた資金を効率的に、有効に活用しようした方針が策定されたためであったのだが、日本では米国からの援助金の減少となって現れた。

②外国ミッションとの関係に対する圧力。

具体的には次のようなことが挙げられる。

1）急速に近代化した日本の国力増進と経済的発展が教会の自立を可能としていった。

2）日本の旧来の大家族主義に根ざす封建思想・社会構造・制度による依存的・隷属的体質から自覚的、主体的な思考への変化が生まれた。これは特に近代国家に生まれ変わる過程において、都市部における労働者階級の増加があったことに由来する。婦人達においても家制度による労働力から、近代工業の発展に関わる労働者に代わっていく過程の時代であった。東部組合において婦人達が、自主独立を掲げ東部組合バプテスト派聯合婦人会の結成などの事例もあった。

3）日本人の国家主義観や自負心に基づいた教会の発展があった。

指導者達の背景についても少し吟味してみたい。第一章に於いてライシャワー達が指摘しているように、日本のキリスト教指導者達は、準上流階級、遡れば中央政・官界に進出が難しかった武士階級の出身者が多く、それゆえ国家主義主観の考えから逃れることは難しかった。そのような背景から生まれた外国の援助を受けないという自主・独立の考えは、キリスト者の協同や相互敬愛の考えからは、遠いものであったが、日本のキリスト者にとって心地よかった考え・言動と思える。
③宗教団体法による日本政府による政治的な国内統制の強化。
④日本の中国進出に伴うアメリカ側の危惧と、両者の関係悪化。

日本における伝道をさらに強く推し進めたいと思っていた日本バプテスト東部組合は、組織強化を図るに伴い、次第に中央集権的な組織となり、バプテストの個別教会主義の立場とは異なる面が出てきた。この危険性に対して反対の声もあるにはあったが、さらに強力な中央集権的な「日本バプテスト基督教団」が設立されてしまった。日本バプテスト基督教団の設立は、すでにキリスト教界も一元化され国家主義（全体主義）的な考え方の体制から引き返せない状況になってしまったことを示している。一部キリスト教指導者達に残っていた国家主義的な考え方によって、国体という大きな制約から抜け出せない結果を生んでしまったのであろう。

このような社会情勢から生まれた要因がもたらしたものは大きな枷となって、東部組合と一線を劃していた西部組合側も参加せざるをえない状況が生まれてしまった。日本国内で不利益を被り、不都合な状況に陥ることがあると考えられるので、同じバプテストが一致協力して日本教化に尽くそうという標語が掲げられたことで、統合に進もうとする方向性が決まったのである。政治的な葛藤の中では、特に三つ目の宗教団体法への対処方法が、大きな問題として浮かびあがる。

この時代の国体に対する統制強化の例を見ると、バプテスト派の例では、一九三七（昭和一二）年一二月二四日付で日本バプテスト教会常置委員長宛てに出された文部次官依命通牒がある。「國民精神総動員第二回強調週間に関する件[14]」という標題の文章である。これによれば、外国ミッションとの関係に対する

圧力や、国内の統制の強化を図る風潮が如実に見て取れる。(15)

2　日本基督教団設立の経緯

東西組合の合同後一年経たないうちに、日本基督教団への統合の動きが急速に表面化した。一九四〇（昭和一五）年一〇月一五日から一六日にかけて東京の三崎会館において第二回日本バプテスト基督教団総会が開催された。同じ年の秋に二回目の総会が開かれたのは、プロテスタント諸派の基督教団統合について、早急に対処しなければならないという国内の政治的事情が背景にあったからである。

この総会における主事報告の中に同年二月一四日（於基督教聯盟）と同一九日（於ＹＭＣＡ）に宗教団体法懇談会が開催され、出席したとする記事がある。(16)また、同二八日に宗教団体法に関し基督教各派代表者と共に文部省を訪問したこと、三月七日に宗教団体法に関する各派代員委員会を基督教聯盟において開催したことの記載もある。この宗教団体法こそが各派が日本基督教団へ統合させられた主因の一つであった。

また、日本バプテスト基督教団における五月一六日の報告欄には、日本基督教団への加盟の同意書を求めた結果、教会、伝道所の全てから回答があったこと、同意について不明の学校や社会事業団体は、西南学院、捜眞(そうしん)女学校、東京保姆(ほぼ)傳習所、東京三崎会館、久慈幼稚園であったことが記載されている。したがって残ったことは、財産の教団に対する無償譲渡に関する等の事務手続きを残すだけの状況になっており、日本基督教団への合同は、既定の事実として流れていった。しかし、このことについて、日本バプテスト基督教団の中からは、すでに表だった異議を唱えることはなく、逆に、この状況を利用して自派に有利に展開しようとする思惑さえ見られるのであった。

太平洋戦争開戦間近の一九四一（昭和一六）年一一月一二日から一四日にかけて京都教会・奉公館において第三回日本バプテスト基督教団総会が開催された。議題は、教会規則の修正（日本基督教団第四部教会規則制定）に関してであった。この時、各個教会に規則の原案が示され、各個別教会がこれに沿って規則改正することが要求され、有無を言わせないものであった[17]。これが、主要な案件であり、この規則改正により、国に公認され、保護を受ける見返りに、国からの統制を受けるという国から与えられた裁量の範囲内でしか宣教活動ができないことになったのである。

全て国からの統制のもと、限られた範囲内で裁量されることとなった。このことは、現実的な妥協と追随することにならざるをえなかったことでもあるが、公認され、保護を受けることが、国（権力）の統制を受けることになることを看破できなかったと言えるものである。現在の日本においても、オウム真理教事件の後、宗教法人法の解釈が厳密になり変わってきているとの声もあり、注視していくべき事柄である。

婦人達の動向について日本バプテスト基督教団婦人部の例を挙げれば、この合同に伴って、一九四二（昭和一七）年四月二六日に日本基督教団第四部聯合婦人会として、その発会式を春日町教会で開催した。また、同年一一月二四日から二五日にかけて富士見町教会で第一回日本基督教団総会が開かれた。続いて同一一月二七日から二九日にかけて東京日本女子会館で第四回日本基督教団第四部大会が開催されている

どちらにしても、日本基督教団への統合は避けることの出来ないものだった。一九四一（昭和一六）年六月二四日から二五日にかけて東京・富士見町教会で「日本基督教団創立総会」が開催され日本のプロテスタント各派は合同し「日本基督教団」を成立した。一一部、一八教区、教師二、八〇〇人、信徒二四六、二〇〇人による発足であった。統理に富田満、バプテスト関係では常議員に千葉勇五郎、教団参与・総会書記に友井楨が選ばれている。日本のプロテスタント・キリスト教各派の自主性は失われた。

3　日本国内の統制制度

（1）文部省訓令第一二号

文部省は、一八八六（明治一九）年以来小学校、中学校、高等学校、大学と学校教育制度を整備してきた。そして、政府や府県庁の管理統制の枠内にあれば、徴兵令上の特典（猶予）や上級学校の受験資格、就職上の資格等が得られるものだった。キリスト教系の学校も、この学校教育制度の中で自らを位置付けして幾つかの特権を得て学校の存続を図り、その中でキリスト教教育をおこなっていた。

一八九九（明治三二）年ごろまでは、天皇制確立の社会的風潮はあったが、国が直接キリスト教を排撃することに携わってきた訳ではなかった。しかし、イギリスやアメリカとの条約改正が一八九九（明治三二）年に施行されることから、宣教師が各地に居住し、伝道や教育を行うことが自由になり、天皇制教育を阻害することになることを政府は懸念した。このため、同年八月二日に私立学校令（勅令三五九号）を布告し、翌日八月3日、私立学校令施行細則（文部省令三八号）を公布し、私学を学校教育制度の中に位置付けした。これと同時に同八月二日に文部省訓令第一二号を発令し、政府の定めた基準に基づいて、宗教教育や儀式を行うことを禁止した[18]。そしてこれに合致しないキリスト教系の学校は、法令に定める学校とは認めず、各種学校になり、学生の上級学校進学の資格の特異特典が与えられなくなった。この文部省訓令第一二号は、国が直接キリスト教を抑圧する教育政策であり、宗教を個人の問題としてではなく国家建設の精神的な補強手段としての天皇制確立のために行われた組織的な教育干渉であり統制の開始だった。抜粋すると次のとおりであった。

「一般ノ教育ヲシテ宗教ノ外ニ特立セシメルハ学生上最必要トス。依テ官立公立学校　及学科課程ニ関シ法令ノ規定アル学校ニ於テハ課程外タリトモ宗教上ノ教育ヲ施シ又ハ　宗教上ノ儀式ヲ行フコトヲ許ササルヘシ」

なお、この訓令が廃止されたのは太平洋戦争敗戦の年一九四五（昭和二〇）年一〇月である。

女子教育機関についても同様で、一八九九（明治三二）年二月には、高等女学校令が公布された。これによって、キリスト教系女子教育機関では、キリスト教主義教育を唱えるには、上級学校進学の資格が与えられなくなり、高等女学校と名のることは出来ず、女学校、女学院などの名称を用いることとなった。従って、文部省訓令第一二号によってキリスト教系の学校は、キリスト教教育を断念するか、学校教育制度の枠外に出るか選択を迫られることになった。

現在では、信仰とか宗教というものは、国家とか法律、慣習、伝統とか呼ばれるものとは無関係に、個人として捉えるものであり、自分の信仰として選択する自由が保障されるものとして、憲法上も規定されている。しかし、明治憲法における信教の自由は、国体という言葉に示されるように非宗教として流布された国家神道を、国家宗教として護持し、天皇制の維持を補完するのに用いられた制度として利用されたのである。

（２）治安維持法

また、キリスト教各派にとっては、国からの制約を遵守させるための治安維持法の存在が見逃せない[19]。

治安維持法は一九二五（大正一四）年に公布、一九二八（昭和三）年に公布された。当初は普通選挙法に対処するためとされたが、一九四一（昭和一六）年、一五年戦争が始まる頃には拡大解釈され、広く国民の思想・信仰・言論・集会・結社の自由を制限し、かつ、その特高警察による過酷な取り締まりをともなうようになった。一九四一年（昭和一六）年三月一〇日には、太平洋戦争を見据えて治安維持法の新制定（法五四号）が行われ、強硬な取り締まりに拍車がかかった。天皇制の維持、即ち国体の維持を目的とした法であり、「国体ヲ否定シ又ハ神宮若ハ皇室ノ尊厳ヲ冒涜スベキ事項ヲ流布スルコト」を目的とすると見なされた活動に対する取り締まりにも容赦がなかった。何が問題となるのか不明確なまま施行され、国民の思想・信仰・言論・集会・結社の自由を制限するものとなり、時の政府に都合良く拡大解釈され、政府に反体制的とされ、国策遂行上問題となりそうな動きを弾圧するためにも用いられた。強制力を持たせるために特別高等警察が執行を担当した。挙国一致が提唱され、その時流に日本中が流されるとき、宗教団体法によるキリスト教諸派の合同に、直接・間接的に強制力を与えた法律となったのである。

（3）宗教団体法

治安維持法に加え、宗教団体法も、プロテスタントの各キリスト教派に大きな影響を与える両刃の剣になった[20]。条文の次のようになっている（一部抜粋）。

第一六条　宗教団体又ハ教師ノ行フ宗教ノ教義ノ宣布若ハ儀式ノ執行又ハ宗教上ノ行事ガ安寧秩序ヲ妨ゲ又ハ臣民タルノ義務ニ背クトキハ主務大臣ハ之ヲ制限シ若ハ禁止シ、教師ノ業務ヲ停止シ又ハ宗教団体ノ設立ノ認可ヲ取消スコトヲ得

第一七条　宗教団体又ハ其ノ機関ノ職ニ或ル者法令又ハ教規、宗制、教団規則、寺院規則若ハ教会規

則ニ違反シ其ノ他公益ヲ害スベキ行為ヲ為シタルトキハ主務大臣ハ之ヲ取消シ、停止シ若ハ禁止シ機関ノ職ニ在ル者ノ解任ヲ命スルコトヲ得教師法令ニ違反シ其ノ他公益ヲ害スベキ行為ヲ為シタルトキハ主務大臣ハ其ノ業務ヲ停止スルコトヲ得

第一八条　主務大臣ハ宗教団体ニ対シ監督上必要アル場合ニ於テハ報告ヲ徴シ又ハ実況ヲ調査スルコトヲ得

宗教団体法は、一九三九（昭和一四）年三月に成立し、四月に公布され、一九四〇（昭和一五）年四月に施行された。当初は、宗教団体法の認可基準は示されていなかったが、一九四〇（昭和一五）年六月に文部省は一つの教団の認可基準として教会数五〇以上、信徒数五〇〇〇人以上という宗教団体の基準を示した。当初日本のバプテスト派は、弱小教派が存続するための方策として東・西両バプテスト組合の合同によって外部圧力である宗教団体法に備えようとした。そして、一九四〇（昭和一五）年のバプテスト組合の東西合同によって誕生した日本バプテスト基督教団は、示された認可基準を満たした。

しかし、当初はある程度の大きさの教派単位で認可されるはずだったのが、文部省の方針・指示には、当てはまらないことが判った。というのは、文部省は、キリスト教会はカトリック、プロテスタント、正教会の三つの基督教団体しか認めらないとし、それに入らない教会は、宗教結社の扱いとなるとした。教会として歴史、教義、政治形態、教職制等が異なっていても本質で異なっている訳ではないのでプロテスタントは全教派で一つの教団を設立した方が良いと通告してきたのである。

こうして、プロテスタントの各教派は、ついに「日本基督教団」に統合された。日本バプテスト基督教団が、設立後一年も経たないのに日本基督教団に統合されるためにあたふたしたのはこのためである。さ

らにこの統合された団体は、動員という戦時体制に組み込まれた。これが敗戦まで暫く続くことになった。

この教団への統合に対して正面からの反対がなかったのは、当初、宗教団体法に対して日本のバプテスト派には全面的な反対が無かったからである。他の仏教とか神道という宗教団体との同じレベルになるとして格差解消をねらった節も見られた。

宗教団体法は、挙国一致が提唱され、その時流に日本中が流される時、宗教団体法によるキリスト教諸派の合同に、直接・間接的に強制力を与えた法律となったのである。

註

（1）原真由美『日本バプテスト派の婦人達の宣教活動に関する歴史的研究』学位論文、二〇〇五年七月。
（2）日本バプテスト西部組合『日本バプテスト西部伝道略史』福音書店、大正一一年。五〇―五二頁。および、高橋楯雄『日本バプテスト史略（下）』東部バプテスト組合（三崎会館内）、昭和三年。九―一〇、二二頁。
（3）高橋楯雄『日本バプテスト史略（下）』東部バプテスト組合、昭和三年。一〇―一一、四二―四四頁。
（4）日本バプテスト西部組合『日本バプテスト西部伝道略史』福音書店、大正一一年。一一一―一一二頁。
（5）「第一九回日本バプテスト東部組合年会記録」昭和一〇年五月二二日。九―一〇、一四―一五頁。
（6）枝光泉『宣教の先駆者たち――日本バプテスト西部組合の歴史』ヨルダン社、二〇〇一年。九四―九五頁。
（7）「第二二回日本バプテスト東部組合年会記録」昭和一二年五月二六―二八日。二二頁。
（8）「第二三回日本バプテスト東部組合年会記録」昭和一四年五月一七―一九日。一二―一六頁。
（9）「第二六回日本バプテスト教会総会報告書」昭和一五年一月三日。九―一〇頁。
（10）「日本バプテスト基督教団組織総会記録」昭和一五年一月四日。一二―一六頁。
（11）山本君代『信仰生活の手引』日本バプテスト同盟事務所、昭和二七年。一―二頁。

(12)『日本バプテスト教報』第一一四四号、昭和一四年八月一日。五頁。
(13)『日本バプテスト教報』第一一六五号、昭和一五年一一月二〇日。一頁。
(14)「國民精神総動員第二回強調週間に関する件」(文部次官からの依命通牒)、昭和一二年一二月二四日。
「趣旨：興隆日本の建設は、肇國精神の顕現に在り、仍て事変下の紀元節を機とし國民精神総動員強調週間を設定シ國民精神総動員の中核たる国体観念の明徴、日本精神の昂揚を強調し、之を社会萬般の上に具現せしめんとす。」

「実施方法：(一) 我が尊厳なる国体、宏遠なる肇國の理想、日本文化の精粋を國民に徹底せしめ以って日本精神を昂揚せしめること
(二) 我國現下社会各般に見らるる弊害が外国思想及外国文化を無批判的に採り入れたることに因るもの多きに顧み、日本精神の根本義に立脚して此の際 國民 をして深く之を反省せしめ社会生活に於ける各般の弊の匡正に努めしむること特に誤まれる個人主義、自由主義、功利主義、唯物主義の打破に努めしむること」
(15)「日本バプテスト基督教団第二回総会記録」昭和一五年一〇月一五―一六日。四八―四九頁。
(16)「日本バプテスト基督教団第三回総会記録」昭和一六年一一月一二―一四日。一〇―一一頁。
(17) 伊藤彌彦「政治宗教の国日本」、富坂キリスト教センター編『十五年戦争期の天皇制とキリスト教』新教出版社、二〇〇七年。七六―七九頁。
(18) 土肥昭夫『日本プロテスタント・キリスト教史』新教出版社、一九九八年。一二七―一三一頁。
(19) 奥平康弘「明治憲法における信教ノ自由」、富阪キリスト教センター編『十五年戦争期の天皇制とキリスト教』新教出版社、二〇〇七年。四八―五二頁。
(20) 大島良雄「プロテスタント諸教会を戦争協力に導いた諸要因」『関東学院大学文学部人文科学研究所報』第八号、昭和六〇年三月。四七頁。

第４章　日本占領政策とキリスト教宣教

第１節　アメリカによる占領

太平洋戦争後の一九四五年から一九五〇年にかけての復興期に、日本人は敗戦の失意から立ち上がることができた。この背景には、ＧＨＱ／ＳＣＡＰの実施した占領政策の多大な影響がある。ＧＨＱ／ＳＣＡＰは、日本の占領政策の柱に日本の民主化を掲げた。アメリカは、この戦争は日本人の指導者層が持っていた国家主義観によってもたらされたものであると認識しており、これらを払拭するには、日本の国家神道に由来する社会構造を根本から変革し、日本の戦争遂行のための国家体制を解体し、民主化を図る必要があった。そのためには、日本人に民主主義の基本である思想、信仰、集会及び言論の自由を根づかせ「国民主権」「基本的人権の尊重」の国に変遷しなければならないと考えていた。そのためには国家神道からの脱却、そして、民主主義国家たるアメリカの土台となっているキリスト教を取り入れる必要性を痛感し、キリスト教支援策を実行に移していった。アメリカ社会では宗教的価値（キリスト教）と政治的価値（民主主義）は不可分な結びつきを持っていたからである。

この支援策は、北アメリカのキリスト教界における日本再宣教の思惑と一致した。北アメリカのキリスト教諸教派からは、物心両面の日本援助を行うことができた。そして、GHQ／SCAPのキリスト教支援策により日本のキリスト教界は、一時期教勢を大きく伸ばした時期があった。この他律的にもたらされた要因が、日本のキリスト教界にとっての追い風となった。しかし、日本におけるこれまでの先行研究では、GHQ／SCAPの戦後政治、経済に関係する研究は多くなされているのに比べ宗教施策を実施した背景について北アメリカのキリスト教界関係者の取り組みにまで言及・検討されることは少なかったといってよい。

GHQ／SCAPの占領政策におけるキリスト教の取り扱いには、日本を含むアジア地域の研究者が少なかったという個別事情を抜きにして語れないが、戦争中にアメリカ政府や民間研究団体、キリスト教界が行った課題整理による事前研究が活用された。北アメリカ外国伝道協議会（FMCNA）が戦争中から始めていた戦後の日本占領時における対応施策のための研究の成果がその一つである。アメリカ政府としては、アメリカを守るという目的があって占領政策を立案する必要があり、そのためには日本をよりよく知ることがその政策を生かすことになるという打算があったことは間違いない。しかし、そこにはキリスト教界関係者を含め日本の持っている真の姿を知ろうとする知的欲求もあった。このような検討があったことが戦後直ちに日本に対し具体的な占領政策に活用され、検討・実施・成就できた背景であった[1]。

太平洋戦争後の日本の復興期において、まずFMCNAは、日本への活動を取り決める東アジア委員会（CEA）日本委員会の中から、直ちに六人の委員を選出した。この六人の委員がGHQ／SCAPと日本との連絡担当の窓口となって活動したのである。CEAは、一九四六（昭和二一）年の四月に、GHQ

／ＳＣＡＰへの公的交渉連絡機関、通称として「六人委員会」と呼びたいと思うが、そこからその二人のメンバーを日本に送り込み、一〇月までには残りの四人を派遣して体制を整えている。

ＦＭＣＮＡは、日本占領による占領政策を先例のない好機と捉え、ＧＨＱ／ＳＣＡＰによって開かれた扉から、アメリカのキリスト教徒達からの贈り物として日本に多くの宣教師と支援物資、財政的援助としての資金を送ることによって、宣教活動を押し広げることができると考えていた。この占領政策は、キリスト教界の思惑と一致した。

日本側の動きとしては、戦後の一九四八（昭和二三）年に、外国ミッションを受け入れる日本側窓口として内外協力会（Comitee of Corperation 以下ＣＯＣ）が日本基督教団によって設置され、日本へやって来る宣教師らに物心両面の支援をする役割を担った。宣教師の再来日や、大規模で新たな宣教師来日を可能にすることで、教会の復興と共にミッションスクールの育成など、特に教育に力を入れる宣教活動が日本で行われることとなった。この教育に力を入れる宣教活動は、キリスト教の教勢拡大に繋がったといえる。

日本再宣教にあたっては、日本のキリスト教徒だけではなく多くの日本人への働きかけが行われた。特に、教育事業に関連する盛んな宣教活動では、統一窓口であるＣＯＣを介さない別ルートで、日本とのつながりが戦前からあった海外の各キリスト教派が直接的に日本側の個別教派と連絡を取り合い、日本復興と、教会やミッションスクールへ働きかけた。北部バプテスト同盟（ＮＢＣ）の事例では、一九四九（昭和二四）年一一月から始まった「日本宣教特別強化計画」（Japan Opportunity 以下「ジャパン・オポチュニティ」）以降、教育に関する宣教を重視し、ミッションスクールとして関東学院大学の設立などに当たった。これはＦＭＣＮＡの日本に対する最初の六人委員会の働きとは別に行われたのであるが、これについては、ＮＢＣの事例として、次章で論じたい。

第2節　敗戦と宣教再開への道

1　宣教再開の模索

ＮＢＣの日本における宣教は、アメリカン・バプテスト外国伝道協会（ＡＢＦＭＳ）と婦人アメリカン・バプテスト外国伝道協会（ＷＡＢＦＭＳ）が担っていた。ＡＢＦＭＳの資料「日本の戦後研究の予備的考察」には、ＦＭＣＮＡで議論されまとめられたＦＭＣＮＡの日本再宣教プロセスについて記載されている。(2)前章で論じたＣＥＡの課題整理に基づいたバプテスト側の解説的なものでもあるが、ＦＭＣＮＡがその検討結果から、キリスト教各派が敗戦直後、直ちに日本に入国するという方法をとらずに、他の選択肢を採ることの申し合わせを行っている。

その申し合わせは、最も憂慮するべき事柄としての次の二項目に対処するためであった。一つ目は、日本敗戦直後にアメリカ側が初期宣教政策として日本でキリスト教活動に従事する宣教師の日本の復興活動に手を取られてしまい、宣教の基本的な働きに時を費やすことができなくなるという懸念であり、二つ目は、アメリカとの戦いに負けた日本国民の国民感情に対し配慮すべきであるという点である。しかし、併せて、日本とアメリカの教会の関係再構築によって、日本国民の国民感情という非常に繊細な問題を含みながらも、戦争によるあまりにも大きな損失に日本人が気付き、敵国という垣根を越えて、戦前に築いたキリスト者の兄弟としての関係に回帰し、アメリカの助けを受け入れるようになるはずであり、そこに宣教再開と和解の道が開くだろうという楽観的な予測に基づいた構想を抱いていたのも事実である。

占領軍のＧＨＱ／ＳＣＡＰにおいて、元宣教師がスタッフの一員となって戦後処理の一翼を担ったという状況がある。ＦＭＣＮＡの課題整理から始まる一連の準備を共通認識として知る彼らが、敗戦後の日本に居たことは、いち早く戦後の復興と宣教再開の対応を可能とした一因となった。

ＮＢＣの宣教師であったロバータ・Ｌ・スティブンス（Roberta Lynn Stephens）によれば、一九四三（昭和一八）年頃からアメリカ各派の外国伝道協会は、戦後の日本がどうなるかということを予測し始めた。(3) スティブンスが著作のなかで示した「日本の戦後研究の予備的考察」を吟味してみると、「アメリカは戦争に勝つだろう」という希望的確信に満ちており、次のような、敗戦後の日本国民の感情を予測する論議がされていたことが判る。

> 日本の旧知のキリスト教徒は、真っ先に友情を持って手を握るであろう。だが、我々は戦勝国の代表として、もしくは戦争が破壊したものを再建するために現れた恩恵者として彼らに接してはいけない。我々は、財産を提供するより先に、まず和解の任務の先頭に立たなければならない。（中略）徹底的な日本の敗北によって、教会の指導者達は、極度に敏感になり、引っ込み思案になっているだろう。このことはアメリカの教会との関係を再構築するのに、非常な困惑を引き起こすはずだ。しかし、同時に別の可能性も考えられる。そこには、昨日まで敵であった国のキリスト教徒達からさえも援助を受けても良いとする考えが生まれてくるだろう。(4)

敵国アメリカからの援助を受け入れるという予測をも記載している。

資料から読み取れることは、戦中にありながら、既に敗戦後の日本に対する宣教再開の手法について議論が進み、多方面の検討に及んでいたことである。そしてこれらの議論は、的外れなものではなく元宣教師が占領軍やＧＨＱ／ＳＣＡＰのスタッフとなり、日本のキリスト教徒との接触が素早く始ることに繋がっていった。

２　再開方法の検討

敗戦後、日本に置かれたＧＨＱ／ＳＣＡＰは、日本の民主化を占領政策の重要な課題としており、日本のキリスト教会には好意を示した。これを背景にしてアメリカの大小各派教会の中には宣教師を派遣しようとするものが増えていった[5]。

ところが、日本バプテスト基督教団は日本基督教団の中に属していた為、アメリカの単体の教派としての外国伝道協会であるＡＢＦＭＳは、日本のバプテスト派と直接的に関係することはできずにいた。一九四三（昭和一八）年二月二五日に出されたＣＥＡ戦後計画委員会の申し合わせ事項を見ても、日本おける戦後のキリスト教宣教活動には、教派個別の折衝によるのではなく共同の指揮の下に行うことになっていた[6]。アメリカのキリスト教各派の性急な日本入りの気持ちに対し、ＣＥＡは、日本のキリスト教徒だけを視野に入れるのではなく、キリスト教徒ではない日本人を含めた両者が、最も自然な形で受け入れてくれることに注意を払っていた。日本側が自然な形でアメリカ側の宣教活動を受け入れるためにはどうしたらよいのか、アメリカの各教派、団体が、合同の手続きを経ることによって入国するためには、日本のキリスト教指導者からの招待を待つ形が望ましいとの方策を持つに至ったのである。

ＮＢＣの事例でいえば、日本のプロテスタントのキリスト教各派が日本基督教団への加盟は、日本政府の政策による不本意なものであったという一定の認識があったことから、日本のバプテスト派との関係回復について可能性は高いものと判断していた。そして、まず戦前からの日本バプテスト派指導者との接触を模索した。「日本の戦後研究の予備的考察」では次の事項を決定し報告している。[7]

① 日本で活動が許されるバプテストの宣教師の選出
② 日本の伝統的なバプテストの団体との関係再構築
③ ②に伴い南部バプテスト派との日本再宣教の方針を協議すること

３　日本側からの手紙

ＣＥＡ戦後計画委員会は戦争終結直前の時期にあって、戦後早い時期に、各々のキリスト教団体との和解に向けて可能な限りの手段を準備することとし、その最も有効な手段として日本のキリスト教指導者との個人的な接触が重要な方法となると認識して手紙作戦を行うことを示唆している。ＣＥＡ戦後計画委員会の活動開始の指示を待つ間、ＮＢＣでは、手紙作戦が戦前の日本のバプテスト派団体との和解に向けての有効な手段として認識されていた。戦後の平和が訪れた早い時期に関係回復の手紙作戦を行うために、初期段階として日本におけるバプテスト指導者との個人的な接触を試みた。その対象者として千葉勇五郎、友井梢、石原キク、山田千代子ら宛の手紙作成の準備を行っている。そして、日本への調査に送る代表者の選定を行い、アメリカ軍の爆撃によって破壊された教会や学校、財産に対する復興のための財政面に対する準備も始めていた。

一九四五（昭和二〇）年八月一五日に太平洋戦争が終結した。そして落ち着きの戻った一九四五（昭和二〇）年一一月頃からその手紙を日本の友人達に送るという働きかけが始まった。一九四六（昭和二一）年のＡＢＦＭＳの年次報告『アロング・キングダム・ハイウェイズ』には日本のバプテスト派のキリスト教指導者、千葉勇五郎から、アメリカ側へ手紙が出されたことが記録されている。[8] 一九四六(昭和二一)年四月に日本の窮状を訴えた彼の手紙が日本バプテスト新生社団(後の日本基督教団新生会)主事の菅谷仁によりGHQ/SCAPを経由してアメリカに届いたのだ。

NBCは、太平洋戦争以前から関係のあった日本のバプテストの指導者である千葉勇五郎の手紙を受け、これを日本への宣教の足がかりとして動き出した。CEA戦後計画委員会が描いた通りに、日本のキリスト教指導者からの申し出があり、招かれる形で日本側との関係再構築の端緒が生まれ、その後に関係構築が図られていった。

戦争に破れた日本では、戦前から友好関係の深いアメリカン・バプテストへの配慮に満ちた物心両面の援助を得ることによってキリスト教の福音再宣教の扉を開いてもらおうと千葉勇五郎は手紙を用いて願ったのであるが、ここで千葉勇五郎について少し述べておきたい。息子の千葉勇は父の略伝をまとめており、また、娘よし子は「父の思い出」とする文章を『千葉勇五郎先生追悼集――自由への憧れ』に寄せている。そこからわかるのは、千葉勇五郎は日本のバプテストで最初のアメリカ留学生となり、日本バプテスト神学校の創立委員の一人となり同神学校校長となり、テンネー博士(Charles Buckley Tenny)の後継として関東学院長を歴任[一九三二(昭和七)年から一九三七(昭和一二)年。一九三七(昭和一二)年以降は名誉院長]した。そして、一九四五(昭和二〇)年に御殿場で敗戦を迎えている。彼は食糧事情の悪化から栄養失調に陥っていた。一九四六(昭和二一)年二月、東京市中野区野方町の自宅に戻った勇五郎は、同年四月二〇日夜、「アメリカのバプテスト伝道局A・F・ユフォード宛の手紙を英語で口述し、私[よし子]に書きとめさせた」[9]という。そこには、日本のバプテストの教会、学校、団体の多くが戦災を被り、牧師、信徒、教師、生徒達の多くが家を失い、困窮を極めており援助を求めていること、国破れ、希望を失っている国民を真に救うものはキリストの福音においてはないと信じること、どうかこの訴えに応じてほしいといったことが書かれていた。

この手紙はＧＨＱ／ＳＣＡＰを経由してアメリカ側に届いたとのことなので、ＦＭＣＮＡの申し合わせによる日本の友人達に送るという働きかけがあっての応答ではないが、ＦＭＣＮＡが期待した日本からの援助要請があり、依頼されたのだろう。他の教派でも同様に、アメリカ側に連絡を取る動きがあったようだ。なお、千葉勇五郎は、後で述べるＣＥＡの派遣した六人委員会の最初の二人が到着した直後の、そして、手紙を口述した翌日の一九四六（昭和二一）年四月二一日のイースター早朝に召天したのである。

第３節　日本占領政策の成立過程

１　占領直後の日本占領政策

先に論じたが、一九四二（昭和一七）年頃からの北アメリカのキリスト教界では、既に敗戦後の日本に対する接し方、日本人の風土・文化についての背景を吟味する課題整理が開始され、アメリカ国内においても戦争後の対応策及びその背景について早い時期から政府や民間団体の調査・研究が進められていた。その中で日本占領政策の柱となったアメリカの民主主義について、油井大三郎は次のように述べている。

欧州の代表としてのフランス人は、旧体制を打倒して市民社会を樹立したため国家と対立するものとして個人の自由を位置付けたのに対し、アメリカ人は、英国の植民地支配に対する抵抗の中から市民社会を形成したため、国家との一体性の中で個人の自由を考える傾向があり、ヴェトナム戦争での敗北を自覚するまでアメリカの知識人は、概して政府や軍に協力することにさしたる抵抗感を示さなかった[10]。

欧州とアメリカ民主主義の成り立ちについて欧米間の相違を指摘している。このことは、アメリカのキリスト教界でも例外ではなかったと言えるだろう。まして太平洋戦争は、「反ファシズム」に対する戦いと位置付けられた、欧州における枢軸国との戦争と同列であり、キリスト教界がアメリカ政府、軍に積極的に協力することは当然と見なされたのである。

国家と宗教との関係について、日本と、欧州や米国との相違点があるとすれば、協力内容の違いである。戦時下において国家宗教の枠組みに組み込まれ、欧米との関係が抑圧された日本の各宗教と異なり、戦時下のアメリカではキリスト教界も、戦争遂行のために敵国や開放地域の地域研究と分析を行う風潮が顕著であった。もちろん、アメリカにおける一般国民における感情までもがそうであったわけではないことは自明である。

五百旗頭も、アメリカ政府の戦時外交と戦後の対日占領政策の立案について同様な指摘をしている。

アメリカは、早い時期から日本に対する占領政策に関しての政策立案を重要視していた。これは、アメリカにおいて第一次世界大戦後に大恐慌がおき、世界のブロック化、宥和主義などが失敗した反省から、第二次世界大戦の後処理については、完全でなくとも早くから世界各地の諸問題を本格的に研究する必要を痛感していたという背景があったことから、太平洋戦争が開始された時点より、以下の様な考え方をしていた。

①太平洋戦争の開始時点の国際情勢を鳥瞰してみると戦争の構図が明らかになってきたことがある。つまり日本がドイツ、イタリアと三国同盟を結んだことにより、欧州とアジアに起こした戦争は、ファシズムの独裁制による民主主義に対する挑戦の構図として捉えることが出来たこと。

②日本は、欧州の戦況を正確に収集出来ないでドイツが劣勢になったことを把握せず、三国同盟を結んだこと。

③アメリカの国内事情となるが、大統領が替われば政府中枢の役人人事が変わり、日本に対する戦争政策も変更され、軌道に乗るまでかなりの時間を要するが、第三二代大統領ローズベルト（Franklin Delano Roosevelt）が大統領に三選されたことにより［筆者注――当時はまだ三選禁止規定はなかった］、アメリカ政府内の環境が安定し、速やかに日本の敗戦後の対策についてアメリカ政府は動くことができた。[11]

アメリカは自国の民主主義を日本に導入しようとしたが、当時のアメリカ政府、軍にアジア・太平洋地域の専門家が圧倒的に不足していたために、政策決定やその基礎となる外国研究を民間に依存しなくてはならなかったという現実があったのである。

特にアジア地域研究を行っていた民間機関としては、キリスト教界の他に一九二五（大正一四）年から活動を開始していた非政府組織の太平洋問題調査会（Institute of Pacific Relations　以下ＩＰＲ）があり、アメリカ政府、軍に人材を多く供給した。

ＩＰＲを少し説明しておくと、設立はハワイのＹＭＣＡを拠点としたアジア・太平洋地域内の民間レベルの相互理解・文化交流の促進を目的とした国際連帯運動が始まりであった。当初は、宗教家・研究者による運動であったが、アジア地区に対する国際研究機関となり多くのアジア研究者・日本研究者を輩出した。組織としては、国別のIPRが加盟するという組織であり、当初六ヶ国の加盟であったが、最終的には環太平洋一三ヶ国による国別IPRが集まった組織となっていった。アメリカ政府や米軍に多くの人材を供給したのは、アメリカIPRであった。IPRについての詳細説明は省くが、基礎的な部分は、原覚天の『現代アジア研究成立史論』に詳しい[12]。

さらに、アメリカ国内では、民間団体であるが一九四〇（昭和一五）年二月に外交関係協議会（Council on Foreign Relations　以下CFR）が戦後の政策に至るまでの立案を意図して「戦争と平和の研究」プロジェクトを発足させた。CFRは、アメリカIPRと重なる人材が参加していたが、母体がアメリカの実業家達の組織した研究組織であったためにアメリカの国益を追求する姿勢が色濃かった。

アメリカ政府の動向については五百旗はさらに次のように指摘している。

> アメリカ政府は、一九四一（昭和一六）年二月三日に国務省内部に特別調査課を置き、戦後の世界政策の検討を始めた。極東問題については、太平洋戦争の開戦後、大統領及び国務長官直轄の戦後外交政策諮問委員会を設置し、特別調査課はその事務局となった。この後、変遷はあったが国務省では、一九四四（昭和一九）年一月に戦後計画委員会が設置され、その中に日本に関する研究と討議する極東班を設け、実質的な進捗を図るために制度化していった。この制度化により戦後政策決定の機構が整備され、早めに戦後計画の方向性が明らかになっていった[13]。

アメリカ政府は、太平洋戦争の戦後処理方針について、これも課題整理から始めたが、政府内に不足していた極東地域の専門家を民間から集め、ＩＰＲやＣＦＲの作業も加えて政府としての検討を行った。アメリカ側の組織や体制は、常に継続的な検証が行われ、アップデートされ、硬直化を防ぐシステムを構築している。この後、体制の改変があって、国務省では、一九四四（昭和一九）年一月に戦後計画委員会が設置され、その中で日本に関する研究と討議する極東班を設け、実質的な政策進捗のために有効な施策を実施出来るような制度化を図っていった。アメリカ政府としての戦後政策決定の機構が整備されると同時に、その機構による検討結果から、アメリカの占領政策の中心は日本の民主化を図ることであるという点で一致し、ＧＨＱ／ＳＣＡＰによる日本軍部解体等の占領政策と共に日本の民主化を図るという施策までを早急に政策決定したのである。その結果、初期の占領政策は一一項目に渡っており、対日講和はもとより、日本の非軍事化、民主化、農政改革や教育改革などが政策に入っていた。

２　占領政策初期の実施過程

（１）初期政策

油井や五百旗頭が指摘するアメリカの日本占領政策を実施するまでの過程は、重要なポイントを含んでいる。占領政策の中に日本の民主主義化があるが、戦争中からの課題整理により、この政策は一筋縄ではいかないと考えられていた。また、国務省内での戦後処理に対する厳格派と融和派の確執があったが、最終的に日本人の占領者に対する反発を最小限にする方策は、欧州でのやりかたをそのまま持ち込むのではなく、間接統治により遂行するという希有なものとなった。特に、欧州で行われた戦争は、民族自決の原則を標榜する面を持っていたが、アジアでは、英国・フランス等欧州諸国による植民地による権益が残っていたため、欧州での政策のように、占領者＝解放者として厳格に統治する占領政策を当てはめることができなかったからである。

一九四五（昭和二〇）年八月三〇日に連合国最高司令官（Supreme Commander for the Allied Powers）マッカーサー（Douglas MacArthur）が厚木に降り立ち、横浜にＧＨＱ／ＳＣＡＰを置いた。この時点から占領政策が始動した。ＧＨＱ／ＳＣＡＰは、指令を次々と発した。政策の中心は、政治的、民事的、宗教的自由に関する制限の撤廃、財閥の解体等であった。宗教政策としては、同年一二月二八日宗教法人令が公布され、翌年一日に神道の基となった天皇の人間宣言があり、一九四六（昭和二一）年二月二日に宗教法人令改正が公布され、国家神道の破棄があり、神社も他の宗教と同一の扱いとなった。また、一九四六（昭和二一）年一月四日に出された軍国主義者の公職追放と二七の超国家主義（全体主義）団体解散もこの延長線上であった。

しかし、一九四六（昭和二一）年六月一八日に極東軍事裁判の米側主席検事キーナンがワシントンで天皇を戦争犯罪人として裁判を行わないと言明したころから占領政策が変わり始めた。この時を境にアメリカの日本に対する占領政策が、ドイツ・イタリアにおける戦後処理の方法と日本に対する対処方法の違いによって翻弄され始め、一九五〇（昭和二五）年六月二五日の朝鮮戦争の勃発からは、その政策がさらに大きく変わることになり、占領政策は、良きにつけ悪しきにつけアメリカの国益という視点からの占領政策に変わっていったのである。

欧州におけるソ連圏、共産主義の台頭と拡大は驚異であり、共産主義の流れがアジア地域に入っていくのを防ぎたかったという理由も挙げられる。アメリカにとって中国における共産党政権の成立と一九五〇（昭和二五）年六月の朝鮮戦争の開戦は、早期に日本をイデオロギー的に安定させ、経済的にも復活させる必要性を感じさせた。そのため、日本の民主化をさらに早める必要があり、基本となる信教の自由政策を推進した。アメリカ政府は、日本人の風土・文化に深くキリスト教を浸透させるという宗教政策を用いて、日本人の国家主義という精神的支柱の変遷を図る方法を施策化した。この点に、日本への占領政策の一環として宗教政策が入る余地があった。アメリカのキリスト教界にとっても、民主主義と対立する世界観から共産主義の台頭を快く思ってはおらず、この時点でアメリカ政府とキリスト教界の両者の求めは一致していた。

（２）ＧＨＱ／ＳＣＡＰと日本占領政策

太平洋戦争は、一九四五（昭和二〇）年八月一五日に日本がポツダム宣言を受諾したことで終わった。ＧＨＱ／ＳＣＡＰは、ポツダム宣言の執行のため設置され、日本の占領政策が始まる。制度的には、日本管理の政策決定機関は、一九四五（昭和二〇）年一二月二六日に連合国がモスクワで集まって決定し、ワシントンに置いた極東委員会であった。連合国総司令官マッカーサーは、アメリカ軍極東軍司令官を兼務しており、この極東委員会が機能する前の早い段階では、アメリカ政府の命令によって具体的な占領政策が実施された。ＧＨＱ／ＳＣＡＰの占領政策は、初期にはアメリカ国務省の対日研究が生かされており、その内容にＦＭＣＮＡの共通認識となった対日先行研究との関連性が見られる。これは、アメリカ国内での共通認識の他に、戦時中の国務省の対日政策担当者＝対日研究者と民間研究所の研究者の会議には、ＦＭＣＮＡから派遣された人員も加わっていたことからもいえる。また、ＧＨＱ／ＳＣＡＰには、元宣教師が占領軍のスタッフとなっていたことから、当然このＦＭＣＮＡの共通認識は共有されていたと考えてよい。

先述したように、アメリカ政府の戦時外交と戦後の対日占領政策の立案について、アメリカは、太平洋戦争開始直後から日本に対する占領政策の検討を重用視していた。それは、第一次世界大戦の戦後処理方法の反省から出たものであり、第二次世界大戦の後処理については、戦争当事国の地域研究として諸問題を早い時期から本格的に研究する必要があると考えていた。アメリカの国内事情も第三二代大統領ローズベルトの三選により、アメリカ政府内の環境が安定したことから、国務長官ハル（Cordell Hull）が率いる対日戦争の政策担当であるアメリカ国務省でも落ち着いて調査・研究が行えた。さらに当時のアメリカ政府、軍には、アジア・太平洋地域の専門家が圧倒的に不足しており、日本研究者がほとんどいなかったという事情があった。それゆえ大学及び民間研究団体から殆どと言える知日派の研究者が集められ、アメリカ政府の政策決定やその基礎となる日本研究が行われた。民間への依存度も大きくＩＰＲやＣＦＲと言った民間研究機関は、戦後政策の立案を意図して調査・研究を盛んに行い、政府に対して政策提言を行っていった。アメリカでは国の施策に採用され、実践にうつせる研究を重要視する背景が有り、また、国の政策に協力することに違和感がなかったからである。このことは、重要なポイントとなっており、アメリカ国内では戦後の占領政策に対する対応策及びその背景について早い時期からの民間団体による有用な調査・研究を政府が活用することにタブーとされることはなかった。

（3）ＧＨＱ／ＳＣＡＰの宗教政策

ＧＨＱ／ＳＣＡＰは、日本の占領政策に日本の民主化を挙げた。アメリカは、この戦争が日本人の指導者階級が持っていた国家主義観によってもたらされたものという認識のもとに、この国家主義観を払拭するには、民主主義の基本である思想、信仰、集会及び言論の自由を根づかせ「国民主権」「基本的人権の尊重」の国に変遷させねばならないと考えていた。このためには、政教分離を図り、かつ日本に神道に変わる精神的支柱として、アメリカの民主主義の背景となっていたキリスト教を取り入れることが賢明な方策であるとの認識に至ったのである。

ＧＨＱ／ＳＣＡＰのキリスト教政策は、戦争中のアメリカ政府、民間研究団体とキリスト教界による事前研究があって課題整理が行われていたことから、戦後直ちに日本に対し具体的な占領政策が実施できた。戦後、ＣＥＡは、直ぐに六人の委員を選出し、日本に派遣することとした。いわゆるこの「六人委員会」がＧＨＱ／ＳＣＡＰとの連絡担当の窓口となった。一九四八（昭和二三）年には日本側の窓口としての内外協力会が設置され、日本への物心両面の復興を果たす役割を担った。宣教師の再来日や大規模に教育宣教師を来日させ、教会の復興と共にミッションスクールの育成など、教育に力を入れる宣教活動を行った。この教育に力を入れる宣教活動からキリスト教の教勢が伸びたともいえる。

３　北アメリカ外国伝道協議会の認識

先に記述した内容と重複する部分もあるが、ＦＭＣＡなどの動きをまとめてみると次のようになる。

一九四三（昭和一八）年頃すでにＦＭＣＮＡは、戦後の日本がどうなるかを予測し行動していたのである。ＦＭＣＮＡに集まったキリスト教各派外国伝道協会は、アメリカは戦争に勝つという確信を共通認識としており、日本国民の敗戦に対する感情さえも予測し、宣教再開に伴う困難な状況についても議論が進んでいた[14]。

太平洋戦争の開戦直後の一九四二（昭和一七）年一月一二日に日本研究に詳しいＡ・Ｋ・ライシャワー（A. K. Reischauer）を中心にＣ・Ｗ・アイグルハート（Charles W. Iglehart）、Ｌ・Ｊ・シェーファー（Luman J. Shafer）の三人の委員に委嘱した。「日本におけるミッションと教会の関係」という報告書においてまとめさせた。報告は、日本人の特質を把握するために日本人の風土・文化の背景を吟味し、戦後の日本人に対する接し方についてまでも検討しており、アメリカの日本占領統治政策を先取りしたものとなっていた。

ＣＥＡは、一九四三（昭和一八）年最後の第二次交換船グリップスホルム号で帰国したＰ・Ｓ・メイヤー等の六人の宣教師を編集委員に任命して「一九四二年の六月からの日本におけるキリスト教活動について」（グリップスホルム報告）をまとめさせ、日本の最新情報を補完した。

さて、ＦＭＣＮＡは、日本のキリスト教徒に対して、宣教師は、まず和解の任務から始めなければならず、慎重な行動が必要であるという共通認識を持った。そこで、一九四三（昭和一八）年二月二五日に出されたＣＥＡ戦後計画委員会の勧告により、戦後の日本でのキリスト教活動はＣＥＡ戦後計画委員会の会議で決定する共同の指揮の下に行うことになっていた。各派の外国伝道教会は、ＣＥＡ戦後計画委員会の指示を待つ間、各教派からの日本で活動が許される代表者の選定やアメリカ軍の爆撃により破壊されたバプテストの教会や学校財産の損失を再興するための財政的な準備に着手した。軍の占領期間中には、元日本在住宣教師らの日本人に対する理解や知識が、アメリカの軍事的権威と日本人との間で有効な緩衝地帯が作り出せることに期待がかけられ、早い時期から細心の配慮をもって日本のキリスト者との接触する機会を待ったのである。

先にも述べたとおりではあるが、ＮＢＣは、一九四五（昭和二〇）年の三月二〇日の報告書[15]で、日本での活動に着手するために日米の関係回復策の初期段階で最も効果的な方法は個人的な接触であるとし、日本のバプテストの指導者に手紙を書くことから始めることに同意し確認している。これは、アメリカの帰国宣教師やキリスト教会が持っていた性急な日本入りの気持ちに対し、日本側のキリスト者と非キリスト者の双方が最も自然な形で受け入れられる日本への入国は、他教派・団体との合同の手続きによって日本の基督教指導者からの招きを待つことが最良の策であるとの考えからであった。

ＦＭＣＮＡのキリスト教各派が、日本再宣教を合同の手続きによるとした理由は、もう一つある。日本のプロテスタント各派は、単体である日本基督教団に統合され、これに属していたため、直接的な関係を持つことができなかったことである。バプテスト派の例を挙げると、ＮＢＣは日本に所有していた教会・宣教師館といった財産をどのように活用していくのか、日本のバプテストたちと直接的に調整をする必要があった。戦争前に東部組合財団（財産管理団体）を設立できなかったことからアメリカン・バプテストが日本に所有していた財産、宣教師達の住居や会館等を戦後はどのように運用するかなど、問題は山積みであった。このため、日本で活動が許される宣教師をいち早く選出し、日本パブテスト東部組合の流れをくむ日本基督教団新生会という日本側のバプテスト団体との関係再構築を模索したのである。

第４節　日本人の国家主義観

１　キリスト教の再宣教

これまでの記述で何回か指摘したようにＧＨＱ／ＳＣＡＰやＦＭＣＮＡは、この戦争の背景には、日本人の持つ国家主義観があるとみていた。キリスト教が、日本人の心に入り込んで社会体制を変革するまでの根強い浸透が出来なかった背景がここにあると考えていた。ＧＨＱ／ＳＣＡＰの占領政策は、軍事力の解体に関連する政策と共に、日本の民主化や教育改革を先行し、アメリカの民主主義の背景となったキリスト教宣教を重要視した。ＦＭＣＮＡは、キリスト教宣教を戦前とは違った好条件のもとで再宣教活動を展開する機会を得たのである。これらの宣教方針により、キリスト者であり教育に優れた資質と見識を持つ人材を宣教師として日本に送り、国家主義（全体主義）に熱せられた日本人に民主主義の思想、信仰、集会、言論の自由をもたらすのにキリスト教を貢献させることとした。また、明治維新以降から主に準特権階級に留まっていたキリスト教人口を、ミッションスクール、教会を介することによってあらゆる階層の人々へと広げていったのである。

戦後の日本は、北米の教会から送られてきた物心両面の援助と共に、来日した宣教師達の知識人としての素養や高潔な人格に触れることができた。宣教師達が持っていた知的、精神的な自由を、キリスト教とともにある民主主義の理想として掲げることで宣教を広めた。この宣教師らの働きを抜きにして日本の戦後の民主主義は生まれなかったといえる。

2 北アメリカ外国伝道協議会の対応

ＦＭＣＮＡの一九四一（昭和一六）年二月一八日開催のＣＥＡ会議において日本委員会の長であるＬ・Ｊ・シェーファー（Luman J. Shafer）は、戦争前の日本の国家構造を次のように述べている。

> 日本の国家構造は、天皇支配を確実に進められる体制（国体）にするために、翼賛政党を生み、全体主義のドイツのナチズムのような社会改革によって日本は、封建体制に戻ってしまった。この考え方はキリスト教的な考えと相反しており、個人の自由、個人主義を否定し、国際主義、民主主義の概念に全く合うものではない。ヒットラーのような独裁者の代わりに神道と繋がった国家主義（全体主義）になってしまった。[16]

と日本の状況を分析して問題点を特定して報告している。いわゆる国体護持の考え方を問題視している。
また、一九四二（昭和一七）年四月一三日のＣＥＡの記録によれば、戦争後の日本への再宣教について、日本の教会を通じて行う場合は、包括団体（日本基督教団）の考えや行動に左右されることから、日本人の生き方や考えに浸透して影響を与えるためには、キリスト教会以外の組織・機関（学校）の協力が重要になると指摘している。[17]そのためには、日本に知的で精神的自由な環境を与える必要があり、大規模な教育宣教師の派遣の必要があるが、過去の日本への宣教師派遣とは性質が異なり、キリスト者として敬虔な信仰を持つだけではなく、教育の仕事ができる高度な訓練を受けた宣教師を選出し送り出す必要があることを強調している。

そして、この働きはアメリカ政府を通じて一元的に行われることを想定して立てられた。実際の占領政策では、ＦＭＣＮＡの供給物資から、日本に派遣される教育宣教師にいたるまでがＧＨＱ／ＳＣＡＰを通じて実施されるが、その窓口になったのは、ＦＭＣＮＡの日本委員会（Japan Committee）から選出された六人の宣教師が委員達であった。ＧＨＱ／ＳＣＡＰに対する公的交渉連絡機関「六人委員会」（通称）として任命[18]されている。日本への宣教師の帰還、宣教師の派遣、教会の復興と拡大、牧師の経済的支援、学校などの教育機関の支援が精力的に行われた。

３　日本委員会と六人委員会

ＣＥＡ戦後計画委員会は計画を実行に移していくことができた。一九四五（昭和二〇）年一一月初旬以降、日本人の心情に配慮した北アメリカ外国伝道協会のＣＥＡ戦後計画委員会が検討した日本への対応策が実施されたことにより、日本の基督教指導者達から宣教師の帰日を求める手紙がアメリカやカナダの各伝道本部に続々と届き始めた。

一九四六（昭和二一）年四月一五日に「六人委員会」の最初の二人は、日本に着いた。その一人は、G・アーネスト・ボット（G. Ernest Butt）（カナダ連合教会）で、外国基督教徒の緊急事態対応の働きを担当した。二人目のポール・S・メイヤー（Paul S. Mayer）（福音主義派）は、GHQ／SCAPとの連絡係で、帰国した宣教師と日本の教会との連絡窓口を担っていた。

他の四人のメンバーは、同年六月に到着している。その氏名と役割は次のとおりであった。アリス・ケアリー（Alice Cary）（組合派）は、日本の婦人、教会とその働きの再構築を担った。ヘンリー・G・ボレンカーク（Henry G. Borenkerk）（長老派）は、日本の教会と伝道の関係の責任を担当した。カール・D・クリーテエ（Karl D. Kriete）（改革派）は、基督教主義学校との連絡の任務を担当した。ジョン・コッブ（John B. Cobb）（メソジスト）は、大阪と日本中心部の任務を担当した。彼等は、分担して日本の教会や教会の婦人達、キリスト教の学校と北アメリカ各派教会との橋渡しの仕事を行った。この六人の委員の中には、バプテスト派の関係者は入っていないことから、ABFMSは委員会の委員長の福音派ポール・S・メイヤーに代わりを担ってもらう[19]など、FMCNAという各キリスト教派の外国伝道協会が共通の思いのもと日本における宣教再開を図った。

六人委員会は、これらの仕事をしばらくの間続けていくが、その一方で、各派も独自の調査を行っていた。ABFMSの例では、太平洋戦争が終わって一年半後に日本バプテスト伝道主事（Japan Baptist Mission Secretary）のエルマー・フリーデル（Elmer Fridell）が二回来日し、日本の破壊状況について独自の調査を行った。そして、ABFMSが戦前に宣教していた全ての地域を訪ねて必要なものを調べている[20]。

太平洋戦争が終わった時点では、他のプロテスタント教派をはじめ、バプテスト派も宣教についてこれほどの好機に恵まれるとは思っていなかったため、本格的な計画は、一九五〇（昭和二五）年の後半に打ち出された日本への伝道強化計画の基金構想以降であった。後年、バプテストの宣教師であるＢ・Ｌ・ヒンチマン（B. L. Hinchman）は、この特別基金により日本のバプテストへの援助が可能となったとしている。この基金により効果的な働きのための扉が大きく開かれた。この伝道強化計画がなければ、日本バプテスト同盟唯一の大学である関東学院大学が存続し得ず、失われたかもしれない[21]と述べている。なお、太平洋戦争後のアメリカン・バプテストの日本に対する働きかけについての詳細は、次章で論じてみたい。

４　ＧＨＱ／ＳＣＡＰの対応

ＧＨＱ／ＳＣＡＰの日本の初期占領政策は、軍隊、軍事力の解体に関連する政策と共に、日本の民主化や教育改革が先行して行われた。

これまでの占領政策をまとめると、繰り返しになるが、ＧＨＱ／ＳＣＡＰは、ＦＭＣＮＡと同様に日本人の指導者階級が持っていた国家主義（全体主義）観が日本の欧州のファシズムと連携して戦争を引き起こした背景となったと見ていた。この国家主義（全体主義）観を日本から払拭するには、国家神道を支柱とした日本において政教分離を図り、民主主義の基本である国民主権、基本的人権を想起する思想、信仰、集会、言論の自由を根づかせる必要があった。そして、ＧＨＱ／ＳＣＡＰは、ＦＭＣＮＡが認識していたことと同様に、知的であり精神的自由を教育する人材を日本に送り込む方策をとる。その役割は、おもにＦＭＣＮＡの六人委員会が担っており、アメリカの民主主義の背景となるキリスト教宣教を重要視したのである。

これにより日本の民主化が、ＧＨＱ／ＳＣＡＰの日本占領政策の中心に据えられた。一九四五（昭和二〇）年一〇月四日に思想、信仰、集会及び言論の自由を制限していたあらゆる法令の廃止、国民主権、基本的人権の尊重、特高警察の廃止、政治犯の即時解放といったことを含む「人権指令」（正式名称「政治的、公民的及び宗教的自由に対する制限の除去の件（覚書）」）が日本政府に対して示された。その後、同年一〇月一一日に、幣原喜重郎内閣に対してGHQ／SCAPは「五大改革」の指令が下した。内容は、婦人解放と選挙権賦与、労働組合の結成奨励、民主主義教育、治安維持法や特高警察の廃止、経済の民主化であった。学校教育の民主化では、万世一系の天皇が日本を支配するいわゆる「国体」思想の皇国史観が否定され、教育勅語が廃止された。これらの指令は、日本人を縛っていた家族制度に及ぶものでもあり、旧来の社会構造に大きな変化をもたらした。

もう一つの民主化政策として、GHQ／SCAPの日本占領政策の中心に政教分離政策があった。一九四五（昭和二〇）年一二月一五日に出されたいわゆる「神道指令」は、国家神道廃止を目的としていた。国家神道は、政府の政策で進められた国家的宗教であり、万世一系の天皇が日本を支配するという思想と結びついたものであった。天皇崇拝を推進することに国家神道が一定の役割を果たしたのである。信教の自由は基本的人権の中でも最も古く、最も重要だとされてきた。しかし、日本政府は、戦争が間近に近づくにつれ、神道は宗教ではなく道徳であるとし、戦意高揚の強力な手段に用いた。国家神道が、戦争遂行の道具として使われたことは明らかであった。この太平洋戦争を招いた社会構造を解体するため、GHQ／SCAPは、国家神道を国家から分離し廃止することとした。政教分離で天皇・皇室の神聖性はなくなり、明治からの社会思想は、解体されたのである。

続く一九四五（昭和二〇）年一二月二八日の宗教団体法廃止と宗教法人令の公布、翌一九四六（昭和二一）年一月一日のいわゆる天皇の人間宣言、一九四六（昭和二一）年二月二日の宗教法人令改正の公布により、神道は国教として位置づけられなくなり、他の宗教と同一の扱いとなった。

5　GHQ／SCAP民間情報教育局の報告

GHQ／SCAPでは、元在日宣教師が占領軍のスタッフとなって戦後処理の一端を担っていた。また、FMCNAが選出した六人委員会もGHQの連絡交渉窓口として活動した。GHQ／SCAPで文化戦略を担当した民間情報教育局が、宗教と文化について一九四八年三月にまとめた報告書では、占領政策として日本人の信教の自由に対する意識を高め、確立する方針が立てられている。(22) 日本人に民主主義を深く浸透させるためには、キリスト教宣教を図ることが賢明であるという認識からであった。

宗教的自由に関する制限が撤廃され、日本への宣教師の入国を促進する占領政策が執られたわけだが、キリスト教関係者の日本入国には便宜が図られ、GHQ／SCAPは、優先事項として日本に入国させるべき外国人としてキリスト教各派から宣教師を選出することにし、彼らが入国するにあたってはほぼ制限はかけなかった。また、各教派の外国伝道団体の宣教師が日本に派遣され入国したあと、軍は宣教師に行動を共にすることを許したうえ、宣教師が求めれば占領軍の列車や郵便を使用できる特権も与えた。さらに、返済を義務付けたサポートではあったが、来日した宣教師の各教派からの自給が可能になるまでという期限付きで、宣教師が自立して活動するための活動費として一時的に資金を貸与することを行っている。これらの特権的な宣教師の状況は、宗教政策が、GHQ／SCAPの占領政策の中に優先的に組み込まれた結果であった。

GHQ／SCAP民間情報教育局の報告書では、宗教政策の総括的な見方として、日本人のキリスト教への関心が本物で広まりを見せており、日本へのキリスト教宣教構想は間違っておらず、実施するのに十分値する手応えのある施策であるという見方をしていた。しかし、日本人のキリスト教への関心が深く、日本人の間で広まりを見せているという認識をしていたのだ。また、キリスト教宣教に対しては、戦争中の迫害の時代は去り、敗戦による物心両面の渇望からキリスト教に対する求めが大きくなっているという確信を持っており、それに伴う外国からの資金、物資そして人（宣教師）への希求は日を追うごとに大きくなっていると報告している。一方で、保守的な家族からのキリスト教への反発も深刻な問題となっており、伝統的な仏教や神道信仰からキリスト教への改宗が容易でない状況とその難しさも指摘している。

ＧＨＱ／ＳＣＡＰとの窓口となった六人委員会は、日本への宣教師帰還、教会の復興と拡大、牧師の経済的サポート、学校等の教育機関の支援を、日本側の窓口として設立された内外協力会（ＣＯＣ）と共に精力的に調整している。内外協力会は、一九四八（昭和二三）年二月に日本基督教団とキリスト教学校教育同盟の代表により正式に発足した日本側の窓口となった組織である[23]。

日本の敗戦から数年後、アメリカは、政治的に自国の国益を追求する姿勢が強くなっていくが、欧州におけるソ連を筆頭とする共産主義の台頭、拡大を驚異と感じており、共産主義の流れがアジア地域に入ることを防ぎたいという要因が施策の変化を生じさせた。それは、早期に日本をイデオロギー的に安定させ、経済的に復活させる必要が生じたというものであった。

日本の民主化については、戦争中の課題整理によって欧州で行われた占領政策のように、占領者として直接的に統治することが困難とされたために間接統治によるものとなり、そこに困難さも伴った。

第５節　日本の状況と対応

中国人研究者である謝志海の学位論文『日本占領におけるキリスト教ブーム』（北京大学）では、アメリカの日本占領の一時期にキリスト教ブームが起こった要因について連合軍最高司令部司令官マッカーサーの戦略でもあったと、日本の民主化とキリスト教について次のように指摘している。

アメリカの民主主義は、キリスト教を土台としており、アメリカ連合軍は、敗戦後の日本人の精神的真空状態になった空虚な心に、キリスト教を広める事で、傷をいやし日本の民主主義の確立を図ろうとした。このため占領政策の最優先課題としてキリスト教を広める事で日本での民主主義思想を築こうと図ったのである。また、東アジアに拡大する共産主義の広まりを危惧し、敗戦による日本人の空虚な心にキリスト教を響かせなければソ連の共産主義思想に取り込まれるという焦りも当然あった。日本人の心にキリスト教の価値観がなければ民主化も成り立たないとして、一九四七（昭和二二）年五月にＧＨＱ／ＳＣＡＰによる広汎な宣教師の日本入国方針が打ち出されている。(24)

謝志海は、キリスト教ブームのおもな要因として、

①　敗戦後の日本人が宗教を獲得するための土台とされた。

②　占領軍の権威がキリスト教の宣教を後押しした。

③　日本人のキリスト教に対する姿勢が変わると共に、キリスト教会も一般の人がキリスト教を受け入れるための援助をするようになった。

と三点を挙げており日本でキリスト教が推し進められた要因として、筆者の考えと同様に占領下の日本人に対する精神的な援助を挙げている。

森本あんりは『現代に語りかけるキリスト教』の中で、いつの時代においてもキリスト教が盛んなのは、社会や文化が形成期にある地域だと指摘している[25]。キリスト教が確立していく時代に、ヨーロッパ世界が確立し、ヨーロッパのキリスト教と文化が新大陸へ移植される時にアメリカ社会の建設が進められた。日本の歴史を振り返っても、明治の初期や戦後復興期の国家のしくみが大きく変わる時期にキリスト教の影響を強く受けており、キリスト教が「形成の宗教」であると主張している。

筆者も謝志海や森本と同様に、日本の民主化推進のためキリスト教宣教が用いられ、戦後の日本形成にキリスト教は影響を与え、それが日本人にとってプラス要因となったものと考えている。

このなかで「精神的な援助」という言葉は、極東問題の専門家でCEAから派遣されたチャールズ・W・アイグルハートが、NBCに送った「日本の救い」と題する日本への宣教と宣教師派遣を呼びかけた報告の中でも期待をもって記載されている。アイグルハートは、日本人の高度な文化や高い宗教観、日本人の優秀さを取り上げ、その日本人のよい資質が太平洋戦争によって曲げられ、人間の幸福を脅かす結果をもたらしてしまったと捉え、その日本人に適切な抑制と方向性を与えることによってアジアの人々の中に受け入れられ、新しい安全な良い秩序として構築されるならば、これからも日本はアジアの柱になり得るし、リーダーとしての働きを期待できると考えていた。アイグルハートは、「日本の救い」で次のように指摘している。

一時は、アジアへ侵攻し人間の幸福を脅かした日本ではある。しかし、キリスト教の宣教により、道徳的良心を養い預言者的個性を育て、高い水準にある教会の組織や指導力を保持する日本のキリスト教徒の資質を活かすことが可能であれば、日本の個々のクリスチャンが概して準特権階級層に属していることから、その数が少人数であっても、その影響力は、数以上のものになる。

日本人は福音を必要としているが、アメリカ政府は、キリスト教が追及するものとは異なり、その占領政策は、アメリカの国益と利害に影響されている。しかしキリスト教徒は、アメリカ政府の方針に反してでも、この点では妥協してはならず、塩と光（「マタイによる福音書」五章一三－一四節）を惜しんではならない。

赦し愛する宣教は、決してたやすいものではなく、へりくだった精神を持つことを必要としている。かつて戦争で戦った人々への宣教は、アメリカにあるキリスト教徒達の和解の試金石である。[26]

アイグルハートは、ＮＢＣに送った「日本の救い」の中でアメリカから派遣された宣教師達が、戦後の日本のキリスト教化に対する助力と、これまでの歴史的な関係を継続するという目的で、協力可能な日本のキリスト教団体との信頼回復を期待し、地域や、神学校、教育機関、教会の働きを援助するという計画を実行する時に、宣教師の働きの機会が大きく拡大するという考えを述べている。打ち負かされてから与えられる日本人の立場を考えてみれば、アメリカ人キリスト教徒の日本に対する再宣教の在り方は、言うまでもなく新しい世界宣教の在り方に繋がり、神への忠誠心とキリスト教徒の懐の深さを示すことになると、日本再宣教によって新しい日本を構築しようと日本宣教の意義と宣教師派遣を呼びかけたものであった。しかし、同時にアメリカ政府の方針にキリスト教会が同化することをも戒めている。これは、アメリカ政府は、すでに対共産主義というアメリカの国益を前面に押し出した政策に転換していった背景があることに懸念を持っていたという理由なのかもしれない。

第6節　日本人理解がもたらした成功

占領下日本でのキリスト教ブームは、アメリカの占領政策の一端に乗じた感も否めないが、戦争終了直後の再宣教政策について最も憂慮すべきこととしてアメリカとの戦いに負けた日本国民の国民感情への配慮をアメリカ側が顧慮していた点は、太平洋戦争後の日本における宣教再開を多大な困難を招くことなく可能にした要因であったと評価できるものである。

アメリカは、英国の植民地支配に対する抵抗の中で市民社会を形成した経緯から、個人の自由の権利を国家との一体性の中で考える傾向があった。太平洋戦争を日本の軍国主義に対する「反ファシズム」の戦いとしてとらえたことからアメリカでは、民間の政府への協力に疑問をはさむ余地はなかった。そこに日本を相対的に見ようとしたアメリカの理想が見える。

日本の敗戦の後、ポツダム宣言により、宗教が日本人の国家主義（全体主義）、軍国主義の隠れ蓑とならないよう、日本人に個としての信教の自由を確立するために、アメリカの民主主義と共にこれを支えたキリスト教を広めようとした。そして日本の占領政策としてＧＨＱ／ＳＣＡＰは、かつてないほどの多くの宣教師を日本に優先的に入国させ、復興に、援助にと活動を行わせた。

ミッションの日本宣教再開の方法は、アメリカの占領政策を通じて、ＣＥＡ戦後計画委員会の申し合わせの勧告に基づき、アメリカのミッション各派の性急な日本入りが、戦争に負けた日本人の感情を逆なでするだけでなく宣教再開の扉を閉ざしかねないと憂慮し、教派個別の折衝を避け共同の指揮のもとに行うこととした。アメリカのキリスト教各派は、個別の働きを統一して行うことにし、そして、最も自然な形の日本への入国方法は、アメリカ各派教会合同の手続きとして日本のキリスト教指導者らからの招きによることが最善の方法と判断したのである。ミッションは、日本側の教会と戦前から深い関係とパイプを持っていたが、アメリカ側はそのパイプに信頼を託し、人や物資を送り関係を再構築していくことにしたのである。

アメリカのキリスト教界は、戦争で世界を脅かした日本にキリスト教を広めることで、日本人の道徳的良心を養い、世界の安全と秩序に貢献させ、アジアのリーダーとしての活躍を期待した。キリスト教宣教をＧＨＱ／ＳＣＡＰの占領政策に反映させたまでは良かったものの、その後アメリカ政府が、ソ連との冷戦構造を背景にした国益と世界の覇権争いにより方針変更したことから、その影響を受けていく。宣教方法やその姿勢についても「日本人の救い」というキリスト教的関心事が、アメリカ政府の国益や利害追及の緊張関係を強いられる宣教活動へと変わっていった。そして、日本人の戦後復興への物質的、精神的な「救い」が、ソ連の共産主義からの「救い」という目的にとって代わり、アメリカ政府の政治的方針と合致する方向へと変わっていった事実は否めない。アメリカのキリスト教界もまた、純然たるキリスト教の活動とアメリカの政策との緊張関係がある中で苦慮を強いられたのである。

日本では、明治初期や戦後の復興期など、国家の仕組みが大きく変化するとき時にキリスト教の影響を強く受けている。キリスト教は、社会の再構築、建設が始まり、新しい時代が築かれ、人々の意欲が起こるときに活力と理念と目的を与えた。明治期に特定の上位者層に限られていたキリスト者を、国の利害に左右されずに全ての階層の人々へと裾野を広げ宣教活動を行い、戦後復興に貢献し、キリスト者を獲得する大きな役割を果たしたことは見逃せない。

ＦＭＣＮＡの太平洋戦争後の日本宣教再開は、宣教師らの的確な日本人理解と分析、日本の教会の歴史理解、日本人のキリスト教理解、そして国家主義（全体主義）に熟慮し対応した構想として立ち上げ、みずからの宣教の総括も含めて、実施したことは、大きな成功を収めたと高く評価できるものと考える。

註

（1）原真由美「太平洋戦争下における北米アメリカ・ミッションの対日宣教政策に関する研究」『キリスト教と文化』第二一号、関東学院大学キリスト教と文化研究所、二〇一三年三月。一一九頁。および、Report on The first Postwar Year, Japan, MRL12, BLA, 1946.

（2）“Preliminary Considerations for Post War Study on Japan,” War Years Collection, Japan, BIM, Archival Collections, ABHS, Valley Forge, PA. 20 March 1945. pp. 1-5.（以下 “Preliminary Considerations” と略す。）

（3）ロバータ・L・スティブンス『根づいた花』キリスト新聞社、二〇〇三年。一八五―一八七頁。

（4）“Preliminary Considerations.”

（5）海老沢有道、大内三郎『日本キリスト教史』日本基督教団出版局、一九九〇年。五六〇頁。

（6）“Post-War Settlement in Japan,” CEA Postwar Planning Committee, CEA, ABHS, Atlanta, GA, 25 February 1943. p. 20.

（7）“Preliminary Considerations.”

（8）*Along Kingdom Highways*, 1946. p. 36.

（９）千葉よし子「父の思い出」『千葉勇五郎先生追悼集――自由への憧れ』千葉勇五郎先生記念会、一九六六年。
（10）油井大三郎『未完の占領改革――アメリカ知識人と捨てられた日本民主化構想』東京大学出版局、一九八九年。八四頁。
（11）五百旗頭真『アメリカの日本占領政策――戦後日本の設計図（上・下）』中央公論社、一九八五年。
（12）原覚天『現代アジア研究成立史論』勁草書房、一九八四年。二六五―七〇頁。
（13）五百旗頭真『アメリカの日本占領政策（上）』一七八、一七九頁。
（14）原真由美「太平洋戦争後のアメリカン・バプテストの対日宣教政策について」［発表］日本基督教学会第六〇回学術大会、二〇一二年。
（15）"Preliminary Considerations." p.1-5.
（16）Report of CEA meeting, L.J. Shafer, "A Report on the Situation in the Far East," MRL12, B.L.A, 18 Feb. 1941.
（17）Prepared for CEA Executive, "Christian Work in Japan After The War," MRL12, FMCNA Records, Series B, Box 24, folder 4, B.L.A, 13 Apr. 1942.
（18）Charles W. Iglehart. pp. 282-283.
（19）*Along Kingdom Highways*, 1946. pp. 36-37.
（20）Board Reports, "Japan," War years Collection, BIM, ABHS, Atlanta, GA, 14 Nov, 1947.
（21）*Out of the Ashes-Post War Japan*, The Japan Missionary Fellowship of the ABFMS and WABFMS, 20 Mar. 1945. pp. 59-60.
（22）GHQ/ SCAP, *Religions In Japan*, GHQ/ SCAP, Tokyo, Mar. 1948. pp. 108-9.
（23）大西晴樹「同志社所蔵『内外協力会』関連資料――キリスト教学校教育同盟との関連で」『キリスト教学校教育同盟百年史紀要』第三号、キリスト教学校教育同盟、二〇〇五年。一四三―一九三頁。
（24）Xie, Zhihai., "The Christian Boom in Occupied Japan and US-Japanese Relations under Occupation (1945-1952)," Doctoral dissertation, Peking Univ., 2010.
（25）森本あんり『現代に語りかけるキリスト教』日本基督教団出版局、二〇一二年。一五―一六頁。
（26）Charles W. Iglehart, *The Redemption of Japan*, Post War Years Collection, BIM Archival Collections ABHS, Atlanta, GA, Oct.

1945. P. 10.

第５章　日本の戦後復興期

第１節　アメリカのキリスト教単一教派の動き

１　アメリカン・バプテストの日本宣教政策

太平洋戦争敗戦直後の日本復興期に、北部バプテスト同盟（ＮＢＣ）ならびにアメリカン・バプテスト同盟（ＡＢＣ　一九五〇年にＮＢＣより名称変更）は、外国伝道を担う構成団体アメリカン・バプテスト外国伝道協会（ＡＢＦＭＳ）と婦人アメリカン・バプテスト外国伝道協会（ＷＡＢＦＭＳ）の二つの協会から共同提案された日本宣教特別強化計画（「ジャパン・オポチュニティ」）を承認した。[1]「ジャパン・オポチュニティ」は、敗戦後の日本の旧東部バプテスト組合に対してバプテストの高等教育機関の重要性を指摘し、大学を設立することを取り組みの最優先項目とする内容であった。

アメリカのキリスト教界は、明治期以来、主に特定の準特権階級層を中心に限られていたと言ってもよいキリスト教宣教をおこなってきたが、日本敗戦後には、日本の教育機関育成に財政援助もおこなった。

これは、国の利害に左右されないで、教会、神学校、キリスト教主義学校等を通し、すべての階層の人々を対象に宣教活動を展開したいということの表れであった。その中でＮＢＣのＡＢＦＭＳとＷＡＢＦＭＳはその宣教活動の中心として一八八四年に横浜バプテスト神学校を創設していたが、その後関東学院として組織されたここを高等教育機関として位置づけた。現在の関東学院大学の源流である（一九四九年に大学設置）。

関東学院大学の創設には次のような背景があった。ＮＢＣ（ＡＢＦＭＳとＷＡＢＦＭＳ）は北アメリカ外国伝道協議会（ＦＭＣＮＡ）のミッションボード連合委員会（Inter-board Committee for the Christian Work in Japan　以下ＩＢＣ）に加わっておらず、さらに日本基督教団とバプテスト派（日本基督教団新生会）との間で教会観に大きな溝が存在していた。しかし、ＮＢＣは日本宣教に対して強い熱意を抱いており、日本のバプテスト派を直接援助をしたいという思惑もあったのである。また、日本のバプテスト派側も敗戦直後から、戦後復興の方策として大学設立を企図していた。

ＡＢＦＭＳは、日本のバプテスト派と戦前のつながりを基にして連係し、日本への宣教計画を展開していった。日本への宣教計画の中心課題に置いたのは、戦後の日本を背負うべき新しい人材育成としてキリスト教に立脚した人材の育成であった。この教育方針は、日本側の思惑――世界に向けた開港地としての横浜地区に私学の高等教育機関として大学を設立したい――とも一致した。ここから、日米一致して高等教育機関としての大学造りに重点を置いた宣教計画が始まった。

「ジャパン・オポチュニティ」と呼ばれる宣教計画における教育機関拡充構想の背景にあったのは、アメリカ国内で太平洋戦争が始まった直後に開始された日本研究による課題整理であった。太平洋戦争は、日本人の持つ国民性にまで入り込んでいた国家主義（全体主義）が生んだものという認識から、日本には国家主義（全体主義）から民主主義への変革が必要であるという思いであった。それには、日本の風土、文化にまで深く入り込む精神的支柱が必要であるとされ、個人にまで及ぶこの変革のためには、アメリカ民主主義の背景となったキリスト教にその一翼を担わせ、キリスト教教育が重要視されたからであった。

ＧＨＱ／ＳＣＡＰが実施した日本占領政策については、五百旗頭真[2]、油井大三郎[3]等の多くのアメリカ政治に対する詳細な研究があり、そこでは太平洋戦争の開始時点から始まったアメリカ国内における敵国日本に対する詳細な研究が土台となった状況が論じられている。また、アメリカにおける日本へのキリスト教再宣教に関係した具体的な展開についての知見は、キリスト教教育関係としてＦＭＣＮＡの中の八教派で組織した日本への宣教活動を担ったＩＢＣと、日本の窓口となり組織された内外協力会（ＣＯＣ）を通して宣教師の招聘、復興に対する財政援助の配分が行われたという報告[4]がされている。これは戦後復興期の重要な宣教活動の一つとして広く知られている内容である。その援助は、戦後復興期において行われた、日本の復興に資した特筆すべき事柄であった。さらに、ＩＢＣの活動と併せて日本へのキリスト教再宣教のための復興援助を行った戦前から日本へ宣教師達を派遣していた個別のキリスト教各派でもおこなわれるようになり、それぞれがＦＭＣＮＡにおける開戦時からの連続した研究成果を役立て、それぞれ特筆すべき事例としてその援助も大きなものであった。ＮＢＣは、アメリカのキリスト教界のなかでも大きな団体であったことから、単独での宣教展開が可能であったという見方もできる。

アメリカ政府は、ポツダム宣言（敗戦）を日本が受け入れた前後から、ソ連の圧力が日本に波及しようとしており、日本は無防備な状態になっていると考えていた。ソ連が、他の連合国諸国に共同統治という点で働きかけており、日本には、日本人と外国人の共産主義者が散在しているとの懸念を持っていた。このような状況の中でソ連の共産主義プロパガンダから日本を守ろうとする必要性を感じていたのである。

このような事情から、アメリカは、占領体制が存続中に日本が独自で経済、政治、教育に関して統治できるようになって占領体制から移行するための計画を早急に進めようとしていた。

一方、アメリカのキリスト教界は、アメリカ政府と異なる考えをもっており、これからの日本の将来に対して独自の貢献をすべきであると考えていた。キリスト教界は、世界で采配の自由を与えられていたことから、日本でもキリスト教徒は占領軍の権威者やアメリカの代表というものではなく、天の代表、世界のキリスト教徒の代表として、軍事力ではなく、戦争を乗り越えた贖いの愛による意識を訴えていこうと考えていた。アメリカ政府やGHQ／SCAPの政策と、アメリカ宣教師団や単一会派であるABFMSの中にも、このキリスト教宣教の捉え方には開きがあり、混乱が存在していた。ミッション（宣教・伝道）は、あくまでもイエス・キリストの友として物理的、精神的に欠乏した日本人に贖いと生きるための希望として存在し、キリスト教界の行う一義的な日本への奉仕であると捉えていたのである。

一九四三（昭和一八）年二月二五日に出されたNBC理事会報告によるとCEA戦後計画委員会の申し合わせ[5]について日本における戦後のキリスト教宣教活動は、教派個別の折衝によるのではなく共同の指揮の下に行う約束になっていた。アメリカのキリスト教各派による性急な日本入りの気持ちに対し、CEAは、日本のキリスト教徒だけを視野に入れるのではなく、非キリスト教徒も含めた両者が、最も自然な形で受け入れてくれることに注意を払うことを意識していたのである。さらにABFMSの一九四五（昭和二〇）年三月二〇日の報告[6]によると、すでに一九四三（昭和一八）年五月二〇日の理事会で以下の三項目を決定したことを報告している。

①日本で活動が許されるバプテストの宣教師の選出

②伝統的なバプテストの団体との関係構築
③南部バプテストとの方針の協議

一九四五（昭和二〇）年八月一五日、太平洋戦争は終結し、日本のバプテスト派のキリスト教指導者、千葉勇五郎からアメリカ側へ切なる手紙[7]が送られたことは先にも述べた。一九四六（昭和二一）年四月に日本の窮状を訴えた千葉の手紙が日本バプテスト新生社団主事の菅谷仁によりＧＨＱ／ＳＣＡＰを経由してミッションボードに届いた。ＣＥＡ戦後計画委員会が描いた通りに、援助の申し出が有り、招かれる形で日本側との関係再構築の糸口が生まれ、その後、関係構築が図られていった。日本は戦前からの関係の深いミッションを中心に、物心の援助を得ながら再度宣教の扉を開いたのである。

２　ＡＢＦＭＳに見る宣教再開の動向

太平洋戦争が日本の敗戦に終わった当初、ＡＢＦＭＳは、日本でこれほどの宣教の好機に恵まれるとは想像していなかった。しかし日本のバプテスト派は日本基督教団の中に属していたため、ＡＢＦＭＳは個別教派の伝道団体であるということから、日本基督教団との間で直接的な関係を持つことはできないでいた。

一九二一（大正一〇）年から一九二六（大正一五）年にＡＢＦＭＳの宣教師として来日していたことがあり、ＡＢＦＭＳの財務委員となっていたジェッスイ・Ｒ・ウィルソン（Jesse R. Willson）は、占領された日本へキリスト教徒としての奉仕を広げていく方法として、キリストの精神あふれる「日本宣教特別計画」（Christian Opportunity in Occupied Japan　以下「宣教計画」）と題する一〇ページにわたる提案をしている。[8] ウィルソンは、その中で共産主義に対抗するためには、日本人に信教の自由の確立が必要であり、それはキリスト教を土台としたアメリカの民主主義に基づくものでもあると説いていた。かつて日本のキリスト教徒は準特権階級層に属していたが、キリスト教の宣教は多くの人々に福音を浸透させることにあり、そのためには圧倒的に宣教師の数も資金も不足していた。そこで宣教師の数も資金も必要であると訴えたのである。

ＮＢＣは、このウィルソンが訴えた宣教計画（"Christian Opportunity in Occupied Japan"）に動かされ、ＧＨＱ／ＳＣＡＰやＦＭＣＮＡが実施している宗教政策とは別に、バプテスト派独自で日本宣教計画を進めることにした。一九四九（昭和二四）年一一月にＡＢＦＭＳとＷＡＢＦＭＳは共同して、ＮＢＣの予算・財務検討委員会へあらためてこの宣教計画案[9]を提出した。これが、「ジャパン・オポチュニティ」である。この宣教計画には、主に若い宣教師に機会を与える意味での宣教師の短期派遣、長期派遣の人事に関しての提案、日本のバプテストの女子校（姫路・日ノ本学園、横浜・捜真女学校、仙台・尚絅女学院）への援助、日本国内の伝道計画としてバプテストの信者へのリーダーシップ訓練と訓練の場としての施設建設、地方の信者のためのトレーニング計画、焼失した教会の復興計画、そして最も大きな計画としてキリスト教精神を広める教育機関としての関東学院への多大な資金の援助が計画された。

3 六人委員会とアメリカン・バプテスト

アメリカを中心とした連合国による占領時代、ＧＨＱ／ＳＣＡＰの実施した民政施策は民主化政策であった。戦争直後から、外国の諸教会とのつながりを回復させるなか、一九四五（昭和二〇）年秋には、アメリカから慰問親善使節団が来日して日本基督教団幹部と会合を持ち、復興をめぐる協議が行われた。

前章でも述べたが、ＦＭＣＮＡからは、日本のキリスト教活動の復興を取り仕切る六人の委員が選任されており、一九四六（昭和二一）年四月から順次来日し前述したように異質な活動をしている。[10] アメリカの六人の委員は、ＧＨＱ／ＳＣＡＰへの公的交渉連絡機関として活動したが、このアメリカの委員の中にＡＢＦＭＳからは入っていない。その後、一九四七（昭和二二）年四月には、ＦＭＣＮＡ下のアメリカ、カナダの八教派の外国ミッションが日本の教会支援のためにＩＢＣを組織し、これをアメリカ側の日本に対する援助の窓口とした。日本側は、日本基督教団、キリスト教学校教育同盟とその他の団体がＩＢＣとともにＣＯＣを受け皿として組織し、教会や諸施設の復興に当たっていった。ＩＢＣを組織する八教派は、組合派、デサイプルス・オブ・クライスト、福音改革派、福音主義兄弟団、メソジスト派、アメリカ長老派、アメリカ改革派、福音主義連合で構成されており、バプテスト派はこのＩＢＣにも加わっていなかった。日本においてこの時点では、教団を離脱した各教派、教会、救世軍、その他、日本基督教青年会同盟等が個別に別々のルートを通じて外国の母教会、親団体、国際機関との連絡を回復させていく過程であり、別ルートでの援助が順次始まっていった時であった。

敗戦の一年半後に、ＡＢＦＭＳの日本バプテスト伝道主事（Japan Baptist Mission Secretary）のエルマー・フリデール（Elmer Fridell）が二度来日し、[11] 戦争前から宣教をおこなっていた地域を訪ね、バプテストの教会、学校、団体に関連する戦争被害調査をし、その破壊状況や必要な物について独自に調査した。この来日を契機に一九四七（昭和二二）年九月八日から一一日にかけて神奈川県逗子麗翠館で旧バプテスト教師修養会が開催され、[12] 日本基督教団と旧東西両組合の関係を協議した。その結果、旧東部バプテスト組合系の教会・団体は、結束を固めて単独には脱退しないことを申し合わせ、日本基督教団の内部にあって、バプテスト教会の伝道応援、教会復興の援助を行うことにした。この後しばらくの間、旧東部バプテスト組合系の教会は、日本基督教団内に非公式組織として日本基督教団新生会（以下、教団新生会）を結成し、翌一九四八（昭和二三）年一月から委員制として活動を開始していった。[13] しかし教団新生会は、日本基督教団内に留まるということから、その枠内で宣教師の任地決定、宣教師及び宣教師会との連絡事務及び協力活動、教会や諸施設の復興及び援助活動の調整を果たす必要が生じた。しかし、先に論じたがＡＢＦＭＳは、ＩＢＣの構成教派ではなく、また、日本基督教団と教団新生会との間には、教会観に対して大きな違いがあった。また、バプテスト関係のキリスト教系学校は、建物の再建等に外国からの援助を必要としていたが、教団との直接の関係を持っていなかった。この解消のためにはバプテスト派の委員会を個別に作る必要にせまられること

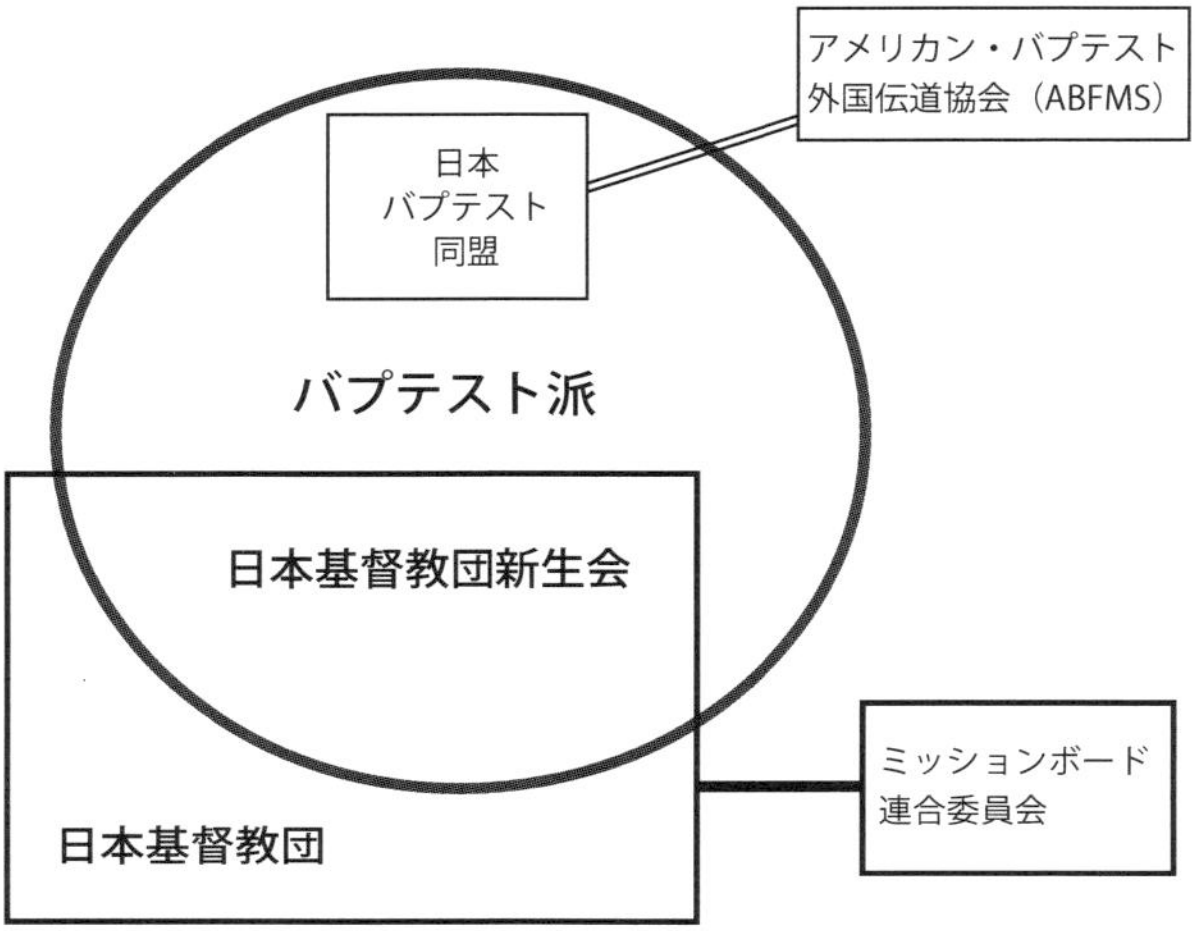

図　日本とアメリカのキリスト教団体の関係図
（ラッセル・Ｅ・ブラウン、1963. を改変）

になった。

ＡＢＦＭＳの日本に対する宣教計画の中心は、日本の旧東部バプテスト組合派と戦前からの個人的な友人関係を基に始められたが、同時に戦後の日本を背負うべき新しい人材育成をキリスト教に立脚したキリスト教教育に重点をおいて行うことにし、その中心としての大学設立という宣教を展開することとした。

ＡＢＦＭＳは、日本の旧東部バプテスト組合にアメリカの単一教派として財政援助を行った。ラッセル・

E・ブラウン（Russell E. Brown）は、一九六三（昭和三八）年一一月の報告[14]でＡＢＦＭＳの援助の流れと関係を判りやすく説明している。ＡＢＦＭＳからの援助の流れは、図に示されるようにＩＢＣからの援助と区分された関係で実施されていた。

4　日本宣教特別強化計画がもたらしたもの

敗戦後の荒廃した日本に、アメリカン・バプテストは歴史と伝統のあるバプテストの関東学院の存続を願い、大学設立という人材育成による教育を通してキリスト教の感化を広めようとした。そのため、キリスト教に基づいた考えをもつ産業界のリーダーを養成するという構想のもと、横浜という産業と海運業の中心である横浜近郊という好立地に着目し、海軍の訓練場跡に六浦キャンパスを造った。キリスト教教育に基づいた人材育成のための高等教育機関設立という目的を関東学院によって達成しようとしたのである。これは、「ジャパン・オポチュニティ」の成功をかけた取り組みとしてもたらされた出来事であった。

第2節　復興期の婦人達

1　婦人リーダーの養成――シアーズと三人の日本婦人

戦争中も婦人達は、個別教会毎の婦人会を催し、個々人の活動を継続しつづけていた。このことは、一九四八（昭和二三）年の北部バプテスト同盟（ＮＢＣ）外国伝道局のフリーデル報告に、戦時中の婦人会長で、戦後の日本のキリスト教会で婦人活動を中心的な一人になっていく佐々木愛子がバプテストの婦人達のリーダーとして活動したことが記載されている[15]ことからも判る。

敗戦後の中で、日本バプテスト東部組合系の婦人達は復興と自主・自立を目指すこととなった。敗戦後、婦人達の活動は活発化していったが、直ぐには全国に跨がった活動にはならなかった。また、新生会の議論の中心になったのは、バプテストの信仰理解と教団の信条との間の乖離についてで、その議論の中心は男性がほとんどであった。後日、日野綾子は、この頃のことを「こうして婦人部が、関東学院や東山荘で和気藹々とした会をもっている頃、新生会の年会は、殆どの代表が男子で（婦人の代表は少数だった）論争に次ぐ論争だった[16]」と述懐している。

戦前、日本で宣教師として働き、その時NBC外国伝道局の東洋部の最高責任者となっていたミニー・V・シアーズ（Minnie V. Sears）は、一九四八（昭和二三）年五月に日本視察のために再来日した[17]。彼女は、太平洋戦争前一九一八（大正七）年から一九二三（大正一二）年まで捜真女学校の宣教師で英語の教師をしたミニー・V・サンドバーク（Minnie V. Sandberg）のことである。彼女はアメリカに帰国後アメリカン・ミッション・ボードの東洋部の責任者であったC・H・シアーズ（C.H. Sears）と結婚し、一九二九（昭和四）年には、夫妻でミッションボードからの視察として来日している。夫が早くに亡くなったことから、東洋、特に日本との経緯をよく知るシアーズが東洋部の最高責任者になり、戦後、再来日して日本の破壊と荒廃振りを目のあたりにして帰っていった。そして、この視察結果によりシアーズ夫人は、日本の教会の再建と復興のためには婦人達が強くならなければならないと強く感じていた。シアーズ夫人は、婦人信徒を一九四九（昭和二四）年から一九五〇（昭

ミニー・V・シアーズ

和二五）年にかけての一年間、アメリカに招待することによって日本の婦人リーダーとして学んでもらうことにした。

一九四九（昭和二四）年から一九五〇（昭和二五）年は、アメリカ全体で日本を勉強する年（ジャパン・イヤー）となっていたことから、ＮＢＣ外国伝道局はまず一九四九（昭和二四）年四月に千葉勇、大阪神愛教会の山本君代[18]をアメリカに招いた。千葉勇には、日本の教会事情の紹介を教会や大きな集まり、キャンプ等での講演を頼み、山本君代には、約一年に亘って多くの教会婦人会の見学や講演、そして勉強の機会を与えている。続いて東京三崎町教会の佐々木愛子もアメリカに招き、一年間、多くの教会や婦人会の見学と講演、そして勉学の機会を与えた[19]。そして、同じく一九四九（昭和二四）年から一九五〇（昭和二五）年にかけてアメリカン・バプテスト大会に、英語の出来る日本の中年女性スピーカーとして捜真女学校の教え子である日野綾子を推薦し[20]、これによって山本君代、佐々木愛子、日野綾子の三人の婦人達をアメリカに受け入れ、アメリカ文化に触れさせた。

日野は、一九四九（昭和二四）年六月に渡米し、そのままニューヨーク州キューカ大学に「異文化講師（Intercultural Instructor）」として留学した。結婚前、留学を夢見ていた頃、スポンサーの急死によってそれを断念した経験のある日野は『豊かなる流れ』で次の様に書いている。「自身にとっては、結婚し、子育てをしていた家庭婦人の自分が、若い頃、家庭の経済的な理由でかなわなかったアメリカ留学が、二〇年たったこの時に、本人も忘れていた頃に思わぬ形で神様が実現して下さったという経験をした。子育て真最中であったが、夫とキリスト教徒の義母の協力を得て、母親には若い頃の夢を今こそ叶えるよう励まされ二〇年前に憧れたキューカ大学への留学を果たした」。日野の夢の実現であった。

この三人の婦人達の渡米経験は、その後、日本バプテスト派の婦人会の全国組織再建への大きな流れの一つとなった。もちろんシアーズが日本の活性化を婦人活動の活性化に求め、婦人のリーダーを養成しようとした計画は、戦前からの婦人達による働きの継続線上から生まれたものであるが、アメリカでの各教会の婦人会が、牧師の手を借りずに婦人達だけで全てを運営している姿を体験したことは、新たな婦人会の在り方を知る上で大きな収穫であったと思われる。この経験は、以後、婦人会が目標とした「各婦人会及び全国婦人会の自立と連帯」[21]という言葉に引き継がれており、その後の日本バプテスト同盟全国婦人会の活動の指針となっていったものであった。

三人は、まず帰国後相談して全国の教会婦人を集めた大々的な修養会（分科懇談協議会）を持った。そこから今に続く日本バプテスト同盟の婦人会活動の基本的な流れが生まれていった。シアーズが思い描いていたように婦人達が、率先して新たな戦後の活動を開始していった。

2　バプテスト世界大会への参加

キューカ大学での学びを終え、アメリカからの帰国前の日野に対し、一九五〇（昭和二五）年七月にオハイオ州クリーブランドで開催された戦後間もないバプテスト世界大会（ＢＷＡ大会）へ日本代表として出席するよう依頼があり、彼女はこれに参加した。この経験によって、教団新生会や後の日本バプテスト同盟とは別のチャンネルで、世界のバプテストの人達が敵国である日本を受け入れてくれたこと、多様性を受け入れることの重要性を知ったのである。

その大会の様子を日野の記録には次の様に感動的に書いている。

戦後五年に満たない時に七五、〇〇〇人規模の大会である。着物着用で日本の国旗を持ち　日本の代員として入場した。日本の入場はジャマイカの後で、最初ジャパンと紹介された時の雰囲気は拍手もなく冷ややかなものだった。しかし、ＢＷＡ大会の会長ジョンソン博士の「Japan Our Friend Welcome!」との再紹介に大きな拍手がおきた。そしてその拍手は、私が会場を回っている間中鳴り止まなかった。

敵国であった日本を世界のキリスト教徒が受け入れてくれた。敵国であった日本という重い十字架を受け入れてもらえたと思った。(22)

ＢＷＡ大会への参加は、ＡＢＦＭＳの復興計画関係者側の働きかけであった。また、このＢＷＡ世界大会が開催された二日後にＢＷＡ婦人部がジョージ・マーチン（George R. Martin）の提唱で設立された。マーチンは、婦人達がきちんとしなければ世界の平和は確立しないとし、その婦人部の集まりは、世界バプテスト婦人大会の第一回の催しとなった。約三〇カ国五、〇〇〇人の集まりであった。

３　婦人達の動向──一九五〇（昭和二五）年から一九五一（昭和二六）年

日野の資料(25)によると、一九五〇（昭和二五）年に日本に帰国した山本君代、佐々木愛子、日野綾子の三人は、根室、東北、瀬戸内海地方を訪問したり、全国婦人会について相談会を開いたりした。(23)また、山本君代の娘である美智子の資料では、一九五〇（昭和二五）年に三人の姉妹がアメリカ招待から帰国後、この三人を中心に相談会が持たれ、一九五一（昭和二六）年に戦後始めて全国のバプテストの婦人達が集まることとなったのがわかる。(24)

関東学院大学（六浦）で一九五〇（昭和二五）年八月二六日から二八日に教団新生会全国修養会、二八

日から二九日に教団新生会教師会、二九日から三一日に教団新生会第二回総会が連続しておこなわれた。[25]新生会中央委員に山本君代、佐々木愛子の二名が婦人から選出された。山本君代は留学経験から「米国婦人の教会内に於ける活動」と題して修養会と総会で講演し、また、日野綾子がバプテスト世界大会へ参加した様子を報告している。また、分団懇談会で佐々木愛子は毎年1回中央及び各支部で修養会を開きたい等、ほかに四つの婦人達の申し会わせとして提案している。

一九五一（昭和二六）年八月二三日から二六日にかけて日光・田母澤会館で三〇〇余名の信徒指導者、教会婦人、教会青年、日曜学校（SS）、幼稚園教師の大々的な修養会（分科懇談協議会）が持たれた。その直後、修養会の成果を持って関東学院大学で八月二七日から二八日に新生会全国教師会が開催され、引き続き八月二八日から三〇日にかけて日本基督教団新生会第三回大会が開催された。[26]修養会の教会婦人というのは先に述べた山本、佐々木、日野の三姉妹が中心となって持たれた相談会により生まれた戦後始めて開催された全国から集まったバプテストの婦人達が主催した修養会であった。日野は、アメリカから祝電をもらったことや、費用の大部分がWABFMSの援助で運営されたことを記載している。この婦人班分科会では、生活奉献運動についての報告が行われた。[27]日野綾子からその実行方法についての詳しい実例が挙げられ、山本君代から、この計画について各教会婦人会に調査書を事前に配り、その結果を受けて次の事が決議された。

① 来年の大会まで一年を通じ、時間を定めて各自が祈ること。
② 生活奉献の献金を集めるために婦人会が自分達に与えられた分の責任を果たすことを約束すること。
③ 新生新聞に婦人ページを作ること。

④　新生会に属する学校の卒業生のために同窓会と各教会婦人会が密接な連絡に結ばれるよう努力すること。
⑤　各婦人会の巡回訪問をすること。
⑥　まだ結成されていない婦人会があったならどんな小さい教会でも婦人会を来年の大会までに組織して頂くこと。
⑦　現在婦人会員数を来年度大会までに倍数にすること。

当時は、まだ教団離脱の前であったことから、戦前から続いているバプテストの教会からも多くの婦人が参加したと記録されている。その他、婦人指導者会、婦人大会、各支部大会等を開くことを協議し、また、ＷＡＢＦＭＳの援助を得て婦人部の活動を始めて来たが、将来的には自立を目指して行く決意をしている。帰国した三人を核として敗戦後の婦人達の活動が始まっていった。

教団新生会第三回大会では、日本基督教団と教団新生会の関係が大きな議題として取り上げられ、熱心な質疑・応答・意見の開陳があったが、婦人達から見ると新生会の年会は、代表のほとんどが男子で婦人達が入り込む余地が無い論争に見えた。その経緯については後述する。

大会第三号議案である五ヶ年計画は、信徒指導者養成についてと婦人の修養案についてであった。婦人の修養案については山本君代から細部にわたって説明がなされた。また、第六号議案として青年班からは、新生会内の各支部青年の連絡機関を設置する事、婦人班からも中央に婦人の連絡委員を若干名置き全般の計画活動をつかさどること、信徒会からはその設置に関する提案があった。青年会・婦人会・信徒会の連絡機関設置は、大多数で決議された。同時にＡＢＦＭＳに対する感謝と生活奉献の熱意とを満場一致で可決している。なお、この年一九五一（昭和二六）年九月四日は、対日講和会議がサンフランシスコで開かれ、対日平和条約の調印が同年九月八日にあったという時代であった。

一九五二（昭和二七）年二月一九日に教団新生会事務所で青年会・婦人会・信徒会の第一回連絡委員会が開催されている。これは、新生会第三回大会の決議決定を受けて新たに設置が決まった連絡機関で、四支部（東北・関東・関西・内海）から集まった人達で構成された。

一九五二（昭和二七）年七月九日から一一日かけて教団新生会第四回大会[28]が関東学院大学で開催された。この大会の後、婦人達は、九月二二日から二四日にかけて御殿場東山荘で婦人指導者会を開催[29]。さらに同二四日から二六日にかけて同じ場所で牧師婦人研修会を開催した。また、翌年の一九五三（昭和二八）年五月四日から六日にかけて教団新生会第五回大会と宣教八〇年記念大会が関東学院（横浜・三春台）と捜真女学校で開催された[30]。一九五三（昭和二八）年九月二八日から三〇日にかけてやはり御殿場東山荘で婦人指導者修養会を開催[31]している。なお、第五回大会をもって、日本基督教団新生会は「基督教新生会」と改称した。

4　バプテスト世界大会とアジア・バプテスト婦人大会

一九五五（昭和三〇）年五月四日から五日にかけて基督教新生会第七回大会[32]が、尚絅女学院短大講堂において行われた。この議事の中で、日本におけるバプテストの信仰を受け継ぐ純粋な団体として、基督教新生会がバプテスト世界大会に加盟することを可決した。そして、一九五五（昭和三〇）年七月一六日から二二日にかけてロンドンで開催されるバプテスト世界大会に新生会を代表して主事の菅谷仁、婦人委員の山本君代及び宣教師のＢ・Ｌ・ヒンチマン（Bill L. Hinchman）の三名を派遣することを決定した。この大会で基督教新生会の世界バプテスト連盟加盟が正式に認められた。[33]

この大会に参加した山本君代は、同時に開催された世界バプテスト婦人委員会で、翌年の一九五六（昭和三一）年に、アジアでアジア・バプテスト婦人大会とアジア・バプテスト婦人連合（Asian Baptist Women's Union　以下ＡＢＷＵ）の結成依頼をジョージ・マーチンから受けて帰ってきた。[34]

一九五六（昭和三一）年四月四日から八日にかけて聖書の勉強と証とお互いのフェローシップのために九ヶ国の代表が日本へ集まった。参加国はミャンマー、マレーシア、フィリッピン、香港、台湾、沖縄、韓国、ハワイから一九名の参加者、日本から三〇名の参加者であった。

ＡＢＷＵ結成の準備委員会が日本でおこなわれる際に、戦後一〇年を経ていたが、未だに戦争の傷が癒えていないことを婦人達は痛感する。アジアからの女性代表者の中には、戦争で肉親を日本兵に殺された経験から日本にだけは行きたくないと思う代表もいたのである。しかし、彼女達は個人の悲しみよりもアジアのバプテストの代表という使命を優先して日本へやって来た。

天城山荘の準備会で聖書の勉強と証、そしてお互いのフェローシップのプログラムが持たれた。最終日の二日前、最後の準備会が行われている天城山荘にヨーロッパ及び数々の大陸を回って来たＢＷＡ婦人部会長ジョージ・マーチンが来日した。

初めて日本で行われたこの太平洋と東南アジアのバプテストの女性達を組織する為の準備委員会は、当初の予想以上の展開で締めくくられた。太平洋戦争の災禍の中から立ち上がった女性達が、信仰によりお互いの悲しみと苦しみを共有し、特に日本の婦人達は、太平洋戦争における責任を謝罪し、アジアへの贖罪を請い、和解を通してＡＢＷＵの誕生に関わった。そしてフィリピンからの代表であり準備会で最初に証をしたレシデイオス・バーローを会長に、副会長にこの時書記をした香港のエドナ・ワン、日本の日野綾子、会計に日本の村松あき子（日本バプテスト連盟）を選び、次の四つの目的を掲げた。

① 祈祷日（Day of Prayer）の実施
② 毎年の当番国のための祈り
③ 手紙や会報でのニュース交換
④ 国家間の修養会の奨励

このことは、日本においても婦人達が独自のチャンネルを持って日本国内に留まらず、ABWUの結成に大きく関わり、アジア各地で開催される数年毎の国際大会へ参加・交流して繋がりの先駆けとなるものであった。

5 日本バプテスト同盟の発足と婦人部

一九五八（昭和三三）年に日本バプテスト同盟が発足する。その翌年の一九五九（昭和三四）年三月二六日には、熱海ユースホステルにおいて日本バプテスト同盟婦人部が発足し、婦人部の組織会が行われた。この時のスローガンは「霊に燃え主に仕え（「ローマ人への手紙」一二章一一節）」であった。そしてバプテストの主張として以下の事を確認している。

① 洗礼（ママ）の形と資格
イ．洗礼（ママ）はしずめを原則とする。

ロ．資格は、信仰告白をした者だけとする。
従って、幼児洗礼は認めない。

②　万人祭司
教会に特殊な権力を認めない。

牧師、教師は特別な責任を有するが、権力ではない。一般信徒も、宣教にたずさわる事が出来、牧師、教師と同じ発言権をもっている。

③　各個教会の権威
各々の教会が、牧師の招聘、按手礼、また伝道計画、財政一切を信徒との話し合いで行う事が出来る。中央事務所は、事務の都合上あるもので、教会形成の上に権威をもつものではない。

④　良心の自由
個の良心の自由が尊敬される。書かれた信条をもたない。祈りと聖霊の助けによって聖書を読み、解釈し、神に近づく事が出来る。

⑤　国家、権力からの分離

これらの主張に基づき婦人会の活動の目的として、牧師夫人、教師の修養をかねての年会、新しい信徒の獲得、女性教師の養成、出版活動を目標として掲げて実践することとしている。この活動目標の下地となったのは、一九五一（昭和二六）年の教団新生会時代に田母澤会館で開催された修養会の生活奉献運動プランであり、日本の婦人達が、国際的なバプテスト婦人達との繋がりに着目し、国際的な視野を持つに至ったことは明らかなことであった。なお、この後の経過及び現女性会に至る影響についての詳細は、今後の研究で明らかにしたい。

6　復興期に婦人達がもたらしたもの

太平洋戦争を敗戦で迎えた後、アメリカからの復興に対する働きかけが日本の教会にもたらされた。日本の教会のためには、婦人会を強くすることが必要だというＡＢＦＭＳのミニー・シアーズの考えから、日本の婦人リーダーを養成しようと三人の婦人がアメリカに招かれ、教育、教会の研修が行われたことはここまで述べてきた。これは、戦前からの婦人達による婦人宣教師との関係の延長線上から生まれたものでもあるが、アメリカにおいて個別教会の婦人会が、牧師の手を借りずに婦人達だけで全てを運営している姿を直接目にしてきたことは、日本で造り直さねばならない新たな婦人会の在り方を知る上で大きな収穫であったと思われる。

この留学を経て帰った三人の婦人指導者たちの経験と、役員等による献身的な修養会の開催や、全国各地の教会への門安によって全国的な婦人会活動の下地が徐々に整えられていった。これは後日、婦人会が目標とする「各婦人会及び全国婦人会の自立と連帯」という言葉に表され、バプテストの婦人達が自主・自立を求めて、将来的な新しい時代の教会婦人会の形成を目標とする礎として、その後の日本バプテスト同盟全国婦人会の活動の指針となっていった。

さらに日野綾子に始まるＢＷＡ大会への参加は、太平洋戦争の災禍の中から立ち上がった復興期の婦人達に、日本基督教団新生会や後の日本バプテスト同盟とは別の草の根のチャンネルで、世界のバプテストの婦人達が敵国である日本を受け入れてくれたことを示すものであった。

それは、太平洋と東南アジアのバプテストの女性達を組織する為に日本で行われた準備会において、信仰によりお互いの悲しみ・苦しみを共有すると共に、日本の太平洋戦争の災禍を謝罪し、贖罪を請い、和解を日本に集まった婦人達が受け入れてくれたことによってＡＢＷＵ誕生の中心的役割を果たすことが出来たということの下地となった。

また、戦後の混乱から落ち着きを取り戻した頃に起こった教団離脱問題では、ＮＢＣの外国伝道協議会（Overseas Planning Consultation　以下ＯＰＣ）会議といった他律的な要因が大きく影響しているが、グローバルなバプテストの動きも追い風となり、婦人達として柔軟に即応し、バプテストとして独自の歩みを決意していくことになった。

これらのことから、復興期の婦人達の活動が、男子に従ってということではなく、主体的に関わるということで現在の日本バプテスト同盟の活動に影響を与えるものとなったと考えられる。

第３節　復興期の日本バプテスト派――日本バプテスト同盟の発足

１　日本基督教団新生会の組織

太平洋戦争敗戦後の復興が始まる中、日本基督教団の中において、教団から離脱して明治以来の諸外国から受けた宣教の信仰を保持しようと太平洋戦争以前の旧教派へ復帰しようとする気運が起こった。敗戦四ヶ月後には日本聖公会をはじめとし、翌一九四六（昭和二一）年には八教派が日本基督教団から離脱した。一九四六（昭和二一）年になって旧バプテスト東部組合系の諸教会は、バプテストの東西両組合の分裂を避けるため、日本基督教団内に留まろうとした。一九四六（昭和二一）年七月一二日に開かれた教団新生社団理事会[35]では次のように決議した。

決議七　旧日本バプテスト西部組合の指導者と懇談し、東西両組合の分裂をさけ日本基督教団に留まる様勧誘する事。

しかし、アメリカの南部バプテスト系である旧日本バプテスト西部組合系の教会は、各々離脱して一九四七（昭和二二）年四月三日に一六教会で日本バプテスト連盟を組織した。

これに対して旧日本バプテスト東部組合系の諸教会では、離脱問題については慎重でバプテストの信仰のためには日本基督教団内に残留して教団新生会を組織し、教団内にあってバプテスト派を維持しようとしていた。ＡＢＦＭＳの日本バプテスト伝道主事のエルマー・フリーデルが来日したのを機に、一九四七（昭和二二）年九月八日から一一日にかけて神奈川県逗子麗翠館で旧バプテスト東部組合系の教師修養会が開催され[36]、次のことを協議した。

①　旧バプテスト東部組合系教会の教団における位置について

②　旧バプテスト東部組合系教会と外国伝道協会との関係について

③　教団と旧バプテスト系の東西両組合の関係について

その結果、旧東部組合系約五一教会や団体が、結束を固めて単独には脱退をしないことを申し会わせ、日本基督教団の内部にあって、バプテスト教会の伝道応援、教会復興の援助を行うこととした。そして、「日本基督教団新生会」を組織し翌一九四八（昭和二三）年一月一日から委員会制として活動を開始することとした[37]。最初の委員長は友井楨、書記（主事）は菅谷仁であった。また、この日本基督教団新生会の婦人の役割拡大を目指して中央委員として、佐々木愛子と阿部喜志の二名を選んでいる[38]。

日本基督教団新生会は活動を開始した。交通事情の悪い中それぞれが主食六合を持参して、一九四八（昭和二三）年七月一九日から二一日にかけて日光の田母澤会館において新生会関東支部信徒修養会[39]を開催した。引き続いて同場所で二一日から二三日にかけて、やはり主食六合を持参して新生会全国教師修養会[40]を開催した。懇談会では、日本基督教団の信条及び教会観に関する問題と日本における共産党の理論と実践について議論されている。まだ、全国から信徒を集める大会を開くまでには復興できていない時であったが、すでに新生会内においては教会観に関する議論が起こっていたことがうかがえる。

一九四九（昭和二四）年八月三日から五日にかけて関東学院大学で第一回教団新生会修養会並総会が開催された。協議会では、菅谷仁主事が懸案事項として新生会に関する報告・懇談会の後、議案第一号で「新生会は、日本基督教団内に在って、その伝統特色を発揮しつつ、親しき交わりを保ち、主に奉仕し、教会の発展充実を期す」と新生会の態度を決議している。なお、この総会報告は、一九五〇（昭和二五）年四月一五日に発刊された日本基督教団新生会の機関誌「新生」第一号に記載[41]されている。

翌年の一九五〇（昭和二五）年八月二九日から三一日にかけて関東学院大学で第二回教団新生会総会[42]が開催された。生活奉献と伝道を標語に置き、新生会規則改正と関東学院基督教研究所の強化と共に五ヶ年伝道計画書の審議が行われた。

2　旧東部バプテスト派の働き

一九五一（昭和二六）年八月二八日から三〇日にかけて日本基督教団新生会第三回大会[43]が関東学院大学

（六浦）を会場として開催された。日本基督教団と教団新生会の関係が大きな議題として取り上げられた。斎藤久吉から報告され第五号議案は、次のような内容であった。

日本基督教団の現状に鑑み
① 我らが与えられし委ねられたる聖書主義信仰の立場を明確にする為新生会内部の教育に努める事
② 我らが祈りつつ努め来たりし教団の正しき一致団結に寄与せん為柔和に且つ合法的に会派の公認を要望し教団が合同の教会であるという条項を可急的速やかに撤回せられる様に要請する事

これらについて熱心な質疑・応答・意見の論争があった。

教会観に関する議論は、一九四六（昭和二一）年一〇月一五日から一六日にかけて同志社において開催された日本基督教団第四回総会で、「本教団ハ主イエスキリストヲ首ト仰グ公同教会」であると使徒信条が制定されたことに起因して、この制定がバプテストの信仰理解として受け入れがたい事柄だったからである。これがバプテスト教会では大問題となった。誕生したばかりの日本基督教団新生会は早速この事柄をめぐっての論争が始まった。そして日本基督教団に対して会派公認を要請する決議をもって日本基督教団側と五回に亘って交渉するが、ほとんど平行線に終始し、打ち切ったのは一九五二（昭和二七）年であった。

一九五二（昭和二七）年七月九日から同一一日にかけて関東学院大学（六浦）で教団新生会第四回大会が開催された[44]。ここでは、三つの重要な案件が審議された。

① 日本基督教団と新生会との関係に関する件

②　宗教法人法に関する件
③　基督教研究所に関する件

また、日本基督教団と新生会との関係に関する状況については、日本基督教団を一九五〇（昭和二五）年二月四日に離脱した八戸教会が新生会をも脱退したい意向があることを憂い、対応を願う建議案が出されるなど複雑化した。さらに、一九五二（昭和二七）年七月以降、日本バプテスト横浜教会（横浜寿町教会）、京都バプテスト教会（京都河原町教会）、安下庄バプテスト教会（安下庄教会）は、日本基督教団から離脱している。なお、八戸教会は一九五二（昭和二七）年一二月には教団新生会をも離脱している。

一九五三（昭和二八）年五月四日から六日にかけて教団新生会第五回大会と宣教八〇年記念大会が関東学院（三春台）と捜真女学校で開催された[45]。第五回大会では、名称が日本基督教団新生会から基督教新生会（以下、新生会）に変更になり、基督教新生会規則が承認された。五日に行われた宣教八〇年記念大会には、ＮＢＣ外国伝道局の主事シアーズ夫人も来日し、代表して祝辞を述べている。

一九五四（昭和二九）年五月五日から六日にかけて基督教新生会第六回大会が三崎町教会で開催された[46]。この時、日本基督教団に加わっている教会と加わっていない教会とが共同の基盤に立っていることを新生会の内外に宣言することとし、「新生会綱領宣言」が決議・制定された。これは、気仙沼教会牧師（沢野正幸牧師）からの発議から生まれたもので、発議の時にはバプテスト信仰宣言をしようというものであった。草案委員もその方向で原案作成をしていたが、最終的には全体をまとめ賛成を得るためには名称変更を余儀なくされたと考えられる。しかし、内容は全く変更がなくタイトルだけを変えることでおさまった。後日、日本バプテスト同盟は、この宣言を受けて歩み始めたのである。

3　日本バプテスト同盟の発足

婦人部が独自に全国的にも世界的にも繋がりをもち、組織としての形を整えていた頃、新生会は日本基督教団内のバプテストの集まりという形をとっていた。しかし日本基督教団は、教派をなくして教団で守る信条を打ち出して行こうという色彩が濃くなっていった。このため年会では長年にわたり教団に残留するかバプテストの伝統を重んじて独立するのか論争につぐ論争に明け暮れていた。

一九五六（昭和三一）年五月二日から四日にかけて基督教新生会第八回大会が兵庫県川西市の猪名川キャンプ場で開催された[47]。この大会では新生会機構改革の検討を委員会に一任することを全員一致で可決した。これは、新生会内の各教会が教団に残留するかバプテストの伝統を重んじて独立するのかの極めて深刻な状況になったことを示していた[48]。

一九五七（昭和三二）年八月二七日から二九日にかけて基督教新生会第九回大会が関東学院大学（六浦）で開催された[49]。新生会機構改革に関する件は、教派案、フェローシップ案、現状修正案の三案の内、フェローシップ案を採ることとして、一定期間（三年後）に各教会が教団かバプテスト教派かの何れか一方を選択することとした。この時、ＡＢＦＭＳのＢ・Ｌ・ヒンチマン（Hinnchimann）は宣教師の立場から機構改革の諸問題について希望を述べている[50]。ＡＢＦＭＳの立場は、信仰の問題として考え新生会自身で決めるべきとしていたが、新生会を離脱した教会の財産は基督教新生社団に返還されると考えていた。しかし社団理事会では、新生会離脱の教会に対しては、有償でその財産を譲渡することとした。

一九五七（昭和三二）年の秋、ＮＢＣ外国伝道局の初の試みとして世界の宣教師をアメリカ本国に招いて、ミッション代表らとの宣教方法、将来の計画について協議するＯＰＣ会議が行われた。

日本からの代表は、千葉勇、日野綾子、宣教師のヒンチマンであった。[51] ＡＢＦＭＳは、外国赴任先の宣教師の代表二三人を集めて協議会をもった。ＡＢＦＭＳは、一九六四（昭和三九）年に宣教一五〇周年を迎えることになっており、この記念に先駆け五年前から世界的な伝道拡大計画を打ち出していた。従来の外国伝道は、外国人であるアメリカ人でなく宣教国の現地の人々による伝道の「土着化」をかかげ宣教をしており、日本では一九三三（昭和八）年からこの方針を導入しており、この方針は堅持されるものと考えられていた。

そこで、一九六四（昭和三九）年の一五〇周年までに各国の宣教目標が掲げられることになり、日本に対しては、新しく二〇の教会の設立、現教会員数の倍増、神学教育、女性、青年、信徒の伝道強化プログラムの確立が宣教目標とされていた。[52]

同じ頃日本では、新生会の教団離脱問題で教団に残る教会に対する教会施設の財産処理問題が起こっていた。アメリカン・ミッション・ボードの方針としては、バプテスト色を打ち出した新しく作られる組織と共に協力し、働き、その組織を通して教団および超教派的精神のキリスト教徒と共に歩むことを明確にしていた。そして、日本で起こっている教団離脱問題に伴う教会・施設の財産管理と処理においては、従来どおりの宣教国における現地の人々による伝道という方針を変更し、ミッションの采配をふるう機会と捉えたのである。[53]

二ヶ月にもわたるＯＰＣ会議に参加し協議した日本代表のヒンチマン、千葉、日野は日本への帰りの機中で、日本のバプテストについてこれからのことを話している。その結果、日本のバプテストは、教団を出てバプテストとして歩んでいこうと千葉とヒンチマンは語り、当時の新生会の婦人部長であった日野は、新生会としてまとまりかけている会が割れることを惜しむ一方、やはり独立すべきと決心を新たにしていったのである。[54]

日本バプテスト同盟は、一九五八（昭和三三）年に日本のプロテスタント各教派が日本基督教団を離脱した最後に発足し誕生した。「日本基督教団の中にある新生会」という組織形態では、教団とバプテストの信仰理解の乖離は埋めることが出来ず、また、戦前のようにＡＢＦＭＳからの支援を直接受けることに制約が生じるということが避けがたいこととして判ったからである。なお、日本バプテスト同盟は、一九五四（昭和二九）年基督教新生会第六回大会で宣言した「新生会綱領宣言」を標榜している。

第４節　復興期にもたらされたもの

一九四五（昭和二〇）年に太平洋戦争が敗戦で終わり、戦争処理の後、アメリカから日本復興のために慰問親善使節団が来日し、戦前の日本の教会との友好関係を回復していく。一九四七（昭和二二）年には、ＩＢＣが日本への財政、宣教師人事に関する正式な窓口となる。日本側ではＣＯＣが設けられ、懇談・協議により日本のキリスト教関係の教会・教育施設の復興支援が進められていった。

この一連の日本とアメリカのキリスト教界（教会）との繋がりの回復は、ＦＭＣＮＡの日本への宣教再開という構想に基づいていた。占領政策の一環としてキリスト教再宣教の政策がとられたのは、太平洋戦争前・戦中・戦後のアメリカ側の観点から考察を試みると開戦直後から日本への宣教再開を予想し、実証的にそして精力的に情報を収集し、課題整理をしながら米国政府にも働きかけを行い促していったことが判る。

その結果は、ＧＨＱ／ＳＣＡＰによる戦後の日本民主化政策の中に、重要な課題としてキリスト教宣教が組み入れられ、戦後の日本の民主化に大きな影響を及ぼした。その影響はＧＨＱ／ＳＣＡＰが全面的に日本のキリスト教界に好意を示したことからも伺え、日本のキリスト教会の復興活動の大きな支えとなり、多くのアメリカ、カナダ等からの宣教師派遣とその活発な活動は、キリスト教教会、婦人会、日本のキリスト教徒のみならず国民全体への大きな励ましとなった。

このＦＭＣＮＡの日本再宣教構想を可能にしたのは、アメリカ国民を建国以来今も支えているキリスト教という背景から生まれたものと言えよう。それは、キリスト教宣教の再開によって、日本人に民主主義をもたらし、思想、信仰、集会及び言論の自由という国民主権、基本的人権の尊重という考えをもたらす大きな役割を果たし、現代の日本社会の礎となっている。

註

（１）Board Report to NBC, "Japan Opportunity Program." Post War Collection, BIM, Archival Collections. ABHS, Atlanta,GA. 1949. pp.1-3.（以下 Japan Opportunity と略す。）

（２）五旗頭真『アメリカの日本占領政策』中央公論社、一九八八年。

（３）油井大三郎『未完の占領改革――アメリカ知識人と捨てられた日本民主化構想』東京大学出版会、一九八九年。

（４）海老沢有道、大内三郎『日本キリスト教史』日本基督教団出版部、一九九〇年。六〇六―七頁。および、大西晴樹「同志社所蔵『内外協力会』関連資料――キリスト教学校教育同盟との関連で」『キリスト教学校教育同盟百年史紀要』第三号、キリスト教学校教育同盟、二〇〇五年。一四三―九三頁。

（５）L. S. Albright, "Post-War Settlement in Japan," CEA Postwar Planning Committee, NBC Board Report, ABHS, Atlanta, GA. 25 Feb, 1943. p. 20.

（6）"Preliminary Considerations for Post War Study on Japan," War Years Collection, Japan, BIM, Archival Collections, ABHS, Atlanta, GA, 20 March 1945. p. 4.（以下 *Preliminary Considerations* と略す。）

（7）*Along Kingdom Highways*, NY, WABFMS, 1946. p. 36.

（8）Jesse R. Wilson, "Christian Opportunity in Occupied Japan," NBC Board Report, ABHS, Atlanta, GA, Nov. 1949. pp. 1-10.

（9）*Japan Opportunity*. pp. 1-3.

（10）*Japan*, FMCNA The First Postwar Year, Japan, BIM, Archival Collections ABHS, Atlanta, GA, Jan. 1947. p. 1.

（11）*Japan*, Elmer Fridell Report War Years Collection, Japan, BIM Archival Collections, ABHS, Atlanta, GA 5 Feb. 1947. pp. 1-10. および、*Ibid.*, 14 Nov. 1947. pp. 1-11.

（12）「旧バプテスト教師修養会プログラム」昭和二二年九月九―一一日。

（13）『キリスト教新聞』第七一号、昭和二二年一〇月四日。

（14）Russell E. Brown, "Japan Administrative Relationships," Report to the Overseas Committee on the Board Archival Collection of ABHS, Atlanta, GA, Nov. 1963. pp. 1-7.

（15）Japan, Board Reports of International Ministries, Archival Collection of ABHS, Atlanta, GA, 14 Nov.1947. p. 3.

（16）『まじわり』第二号、日本バプテスト同盟婦人会、一九八四年。七頁。

（17）日野綾子『豊かなる流れ』新教出版社、一九九三年。一二〇頁。

（18）同書。一二三―二四頁。

（19）山本美智子「日本バプテスト同盟婦人会略史」霞ヶ丘教会婦人会資料、一九九五年。一頁。

（20）日野綾子『豊かなる流れ』。一二二頁。

（21）『まじわり』第一号、日本バプテスト同盟婦人会、一九七八年。一六頁。

（22）日野綾子『豊かなる流れ』。一三九―四一頁。

（23）『まじわり』第二号、日本バプテスト同盟婦人会、一九八四年。七頁。

（24）山本美智子「日本バプテスト同盟婦人会略史」一―二頁。

(25)『新生』第六号、日本基督教団新生会、昭和二五年九月一五日。四頁。付録。
(26)『新生』第一八号、日本基督教団新生会、昭和二六年九月一五日。七頁。
(27)『新生』第一八号、日本基督教団新生会、昭和二六年九月一五日。四頁。付録。
(28)『新生』第二九号、日本基督教団新生会、昭和二七年八月一日。七頁。
(29)『新生』第三二号、日本基督教団新生会、昭和二七年一一月一日。七頁。
(30)『新生』第三九号、日本基督教団新生会、昭和二八年六月一日。三頁。
(31)『新生』第四四号、日本基督教団新生会、昭和二八年一一月一日。七頁。
(32)『新生』第六三号、日本基督教団新生会、昭和三〇年六月一日。付録。
(33)『新生』第六八号、日本基督教団新生会、昭和三〇年一一月一日。八頁。および、『新生』第六九号、日本基督教団新生会、昭和三〇年一二月一日。八頁。
(34)『新生』第七五号、日本基督教団新生会、昭和三一年六月一日。婦人欄。
(35)新生社団理事会記録、昭和二一年七月。
(36)旧バプテスト教師修養会プログラム、昭和二三年九月八―一一日。
(37)『キリスト教新聞』第七一号、日本基督教団新生会、昭和二三年一〇月四日。
(38)日本基督教団新生会所属団体主任者名簿、昭和二三年一〇月。
(39)日本基督教団新生会関東支部教師信徒修養会、昭和二三年七月一九日―二一日。
(40)日本基督教団新生会全国教師修養会、昭和二二年七月二一日―二三日。
(41)『新生』第一号、日本基督教団新生会、昭和五〇年四月一五日。三頁。
(42)『新生』第六号、日本基督教団新生会、昭和二五年九月一五日。付録一―二頁。
(43)『新生』第一八号、日本基督教団新生会、昭和二六年九月一五日。七頁。
(44)『新生』第二九号、日本基督教団新生会、昭和二七年八月一日。七頁。
(45)『新生』第三二号、日本基督教団新生会、昭和二七年一一月一日。七頁。

(46)『新生』第五一号、日本基督教団新生会、昭和二九年六月一日。付録八頁。
(47)『新生』第七五号、日本基督教団新生会、昭和三一年六月一日。付録。
(48)『新生』第八二号、日本基督教団新生会、昭和三二年一月一日。付録。
(49)『新生』第九〇号、日本基督教団新生会、昭和三二年九月一日。付録。
(50)『新生』第八九号、日本基督教団新生会、昭和三二年八月一日。二―四頁。
(51) Minutes of the Committee on Relations , ABFMS, ABHS, Atlanta, GA, 11 December ,1957, pp. 1-2.
(52) B.L. Hinchman, *HOKOKU*, Report of the Fellowship of American Baptist Missionaries in Japan, JBU office. February 1958. pp. 1-2.
(53) Minutes of The Annual Missionary Conference, ABFMS, ABHS, Atlanta, GA, 11-15 Sept. 1957.
(54)『まじわり』第二号、日本バプテスト同盟婦人会、一九八四年。七頁。

参考文献・資料一覧

（文献）

五百旗頭真『米国の日本占領政策（上・下）』中央公論社、一九八九年。

伊藤彌彦「政治宗教の国日本」、富坂キリスト教センター編『十五年戦争期の天皇制とキリスト教』新教出版社、二〇〇七年。

枝光泉『宣教の先駆者たち――日本バプテスト西部組合の歴史』ヨルダン社、二〇〇一年。

海老沢有道、大内三郎『日本キリスト教史』日本基督教団出版部、一九九〇年。

大島良雄『灯をかかげて』ヨルダン社、二〇〇二年。

大西晴樹「同志社所蔵『内外協力会』関連資料――キリスト教学校教育同盟との関連で」『キリスト教学校教育同盟百年史紀要』第三号、キリスト教学校教育同盟、二〇〇五年。

奥平康弘「明治憲法における信教ノ自由」、富坂キリスト教センター編『十五年戦争期の天皇制とキリスト教』新教出版社、二〇〇七年。

片子沢千代松『日本のプロテスタント』ＹＭＣＡ同盟出版部、一九七九年。

小宮まゆみ『敵国人抑留――戦時下の外国民間人』吉川弘文館、二〇〇九年。

塩野和夫『日本キリスト教史を読む』新教出版社、一九九七年。

スティブンス、ロバータ・Ｌ『根づいた花』キリスト新聞社出版事業部、二〇〇三年。

高橋楯雄『日本バプテスト史略（上・下）』東部バプテスト組合、昭和三年。

土肥昭夫『日本プロテスタント・キリスト教史』新教出版社、一九八七年。

日本バプテスト西部組合『日本バプテスト西部伝道略史』福音書店、大正一一年。

日本バプテスト一三〇年史編纂委員会編『日本バプテスト同盟に至る日本バプテスト史年表　一八六〇―二〇〇五』日本バプテスト同盟、二〇一三年。
原覚天『現代アジア研究成立史論』勁草書房、一九八四年。
原真由美「太平洋戦争下におけるアメリカ・バプテストの宣教政策に関する一考察」『キリスト教と文化』一〇号、関東学院大学キリスト教と文化研究所、二〇一二年。
――「太平洋戦争下における北米ミッションの対日宣教政策に関する研究」『キリスト教と文化』一一号、関東学院大学キリスト教と文化研究所、二〇一三年。
――「日本バプテスト派の婦人達の宣教活動に関する研究」ルーサー・ライス大学提出学位論文、二〇〇五年。
日野綾子『豊かなる流れ』新教出版社、一九九三年。
森本あんり『現代に語りかけるキリスト教』日本キリスト教団出版局、二〇一二年。
山本君代『信仰生活の手引』日本基督教団新生会事務所、昭和二七年。
油井大三郎『未完の占領改革――アメリカ知識人と捨てられた日本民主化構想』東京大学出版会、一九九〇年。
Axling, William. *Japan Midcentury at the Leaves from Life*, American Baptist Publication Society, 1955.
Iglehart, Charles W. *A Century of Protestant Christianity in Japan*, Tokyo, E. Tuttle Company, 1959.
Leonard, Bill J. Baptist Ways A History, *Judson Press, 2003*.
Out of the Ashes-- Post War Japan, Japan Missionary Fellowship of the ABFMS and WABFMS, 1945.
Torbet, Robert G. *Venture of Faith*, Judson Press, ABFMS & WABFMS, Philadelphia, Judson Press, 1955.
――. *A History of the Baptists*, Judson Press, 1793.
Wynd, William. *Seventy Years in Japan, A Saga of Northern Baptist*, New York , ABFMS, 1943.
Xie Zhihai. “The Christian Boom in Occupied Japan and US-Japanese Relations under Occupation (1945-1952)” Doctoral dissertation, Peking Univ, 2010.

（資料）
『キリスト教学校教育同盟百年史紀要』キリスト教学校教育同盟百年史編纂委員会
『キリスト教新聞』キリスト教新聞社
『基督教報』日本バプテスト東部組合
「宗教團體法」（勅令）
『新生』日本基督教団新生会
「日本基督教團第四部大会記録」日本基督教團第四部
「日本基督教團第四部規則」日本基督教團第四部
「日本バプテスト教会総会記録（報告書）」日本基督教團
『日本バプテスト教報』日本基督教團
「日本バプテスト基督教團規則」日本バプテスト基督教團
「日本バプテスト基督教団総会記録」日本バプテスト基督教團
「日本バプテスト東部組合規則」日本バプテスト東部組合
「日本バプテスト東部組合年会記録」日本バプテスト東部組合
『バプテスト教報』日本バプテスト同盟
Albright, L. S., *Post-War Settlement in Japan*, CEA Postwar Planning Committee, NBC Bord Report, Feb. 1943.
ALONG KINGDOM HIGHWAYS, American Baptist Foreign Mission Society.
ANNUAL REPORT, American Baptist Missionary Society.
ANNUAL REPORT, Woman's American Baptist Foreign Mission Society.
Board Report to NBC, "Japan Opportunity Program," Post War Collection, BIM, Archival Collections , ABFMS and WABFMS, ABHS, Atlanta, GA,1949.
Brown, Russell E. "Japan Administrative Relationships," Report to the Overseas Committee on the Board , Archival Collection of ABHS

Nov. 1963.

Fridell, Elmer. *Japan*, War Years Collection, Japan, BIM, ABHS, Atlanta, GA, Nov. 1947.

Hinchman, B. L. *HOKOKU*, Report of the Fellowship of American Baptist Missionaries in Japan, Overseas Planning Consultation and Japan, ABFMS, ABHS, Atlanta, GA, Feb, 1958.

Iglehart, Charles W. *The Redemption of Japan*, Post War Collection, BIM Archival Collections , ABHS, Atlanta, GA, Oct, 1945.

Japan, FMCNA The First Postwar Year, Japan, BIM, Archival Collections ABHS, Atlanta, GA, Jan. 1947.

Japan, Elmer Fridell, Report War Years Collection, Japan, BIM, Archival Collection ABHS, Atlanta, GA, Feb, 1947.

Japan Baptist Annual, American Baptist Foreign Mission Society and Women's American Baptist Foreign Mission Society

The Japan Annual. *LIGHTS & SHADOWS*, East Japan Baptist Missionary Group. 1934.

Pilgrimage of Faith--An American Baptist Timeline of People, Places and Events, ABHS, ABCUSA.

"Preliminary Considerations for Post War Study on Japan," War Years Collection, Japan, BIM, Archival Collections, ABHS Atlanta, GA, 20 March. 1945.

Religions In Japan, GHQ/ SCAP Tokyo March 1948.

あとがき

本書は二〇一一年から二〇一七年にかけて、キリスト教史学会、日本基督教学会で発表した論文、関東学院大学キリスト教研究所の所報に発表、掲載した諸論文を整理しまとめたものである。

私がこのテーマに興味をもったきっかけは、アメリカン・バプテストの宣教師スティブンスの著した『根付いた花』に、「すでに一九四三年頃からアメリカン・バプテストは、太平洋戦争の行方を『アメリカは戦争に勝つであろう。』と戦後の予測を始めている」という記載があったからである。

これまでアメリカ側の政治的、経済的な占領政策の研究は十分に行われていたが、アメリカの占領軍が日本の民主化を占領政策の重要な課題として位置づけ、その民主化政策の波によってキリスト教ブームが到来したという経緯がどのようなものであったのか、キリスト教側の視点に立った研究があまり見当たらなかったのが不思議であった。研究を進めていくと北アメリカ外国伝道協議会（ＦＭＣＮＡ）は、太平洋戦争が勃発した直後の一九四二年一月という早い時期に日本の敗戦を予想し、宣教の再開を目指してこれまで地域の連絡協議会のような性格であった既存の東アジア委員会を戦後計画委員会に組織替えをしていたことに驚いた。

そしてもう一つのきっかけとしては、捜真女学院の院長であった日野綾子の体験である。若い頃に夢見ていた海外留学の夢が途絶えたかのように見えた日野が、思いもよらない形でアメリカのクリスチャンたちの働きかけで夢を実現させる。日野はそれを、神が祈りに応えてくれたという信仰的な受け止めかたをしていたが、その信仰に裏付けされた姿勢もさることながらこの稀有な出来事がどのような背景のもとで起こったのかを知りたいと思ったのであった。熱心なクリスチャンであった日野が、戦後の日本の新しい女性の生き方のリーダーシップをとっていった背景にはアメリカのキリスト教の測り知れない影響があったと言えるだろう。

戦後のキリスト教の日本再宣教に向けた計画は、アメリカの宣教師であったC・W・アイグルハートの『日本におけるキリスト教プロテスタントの一〇〇年』（*A Century of Protestant Christianity in Japan*）では、あるシナリオに沿って淡々と進められているように見受けられた。そして、この研究の対象になる関連する資料が存在するのか、しばらく皆目見当がつかなかった時期があった。そのような時、キリスト教協議会（NCC）女性委員会の活動である世界祈祷日国際委員会のために二〇一二年にニューヨークに行く機会を得られた。そしてニューヨークへ行く前の機会にアトランタのバプテスト系のマーサ大学に立ち寄ることとしマーサ大学のアメリカン・バプテスト歴史資料協会で手係となる資料を探しだす機会に恵まれた。その後、コロンビア大学内にあるインター・チャーチ・センターで行われた世界祈祷日国際委員会に参加した。帰国後も資料の行方を求めてさらに調べてみると、その資料は、フィラデルフィアにある長老派の歴史協会と、この世界祈祷日国際委員会の行われたインター・チャーチ・センターのはす向かいにあるコロンビア大学ユニオン神学校、バーク・ライブラリーにあることが判明したのであった（世界祈祷日は、かつてはFMCNAの活動の一つであったが、現在ではキリスト教協議会［NCC］の活動として受け継がれている)。一度行ったことがあるという土地勘の不思議な巡りあわせを励みとして、再度ニューヨークのバーク・ライブラリーで念願の資料にたどりつくことができ、驚喜したのであった。資料は、二〇一二年に整理されていた。

研究をまとめてみると太平洋戦争中に視野を狭めていった日本と、日本という国を深く謙虚に知ろうと研究したアメリカの姿勢はどこに違いがあったのであろうと思わされる。そして、アメリカの政教分離とは、何かという問題も浮かびあがるが、アメリカと日本の両国民が持っている国民性、そこから生じた社会背景の相違とキリスト教を通じての再生と和解の力の存在も思わされたところである。複数の資料を確認し、検討したつもりであるが、不足と思われるところがあればその点についてさらに研究を深めていただきたいと思っている。

最後にこの研究の発表の場を与えて下さった関東学院大学キリスト教と文化研究所、キリスト教史学会に感謝申し上げます。また、資料収集の折に便宜を図って励まして下さったアトランタのマーサ大学アメリカン・バプテスト歴史資料協会の元館長デボラ・ヴァン・ブルックフューベン博士に深く感謝いたします。

本書の出版に際して彩流社の高梨治さん、若田純子さんには大変お世話になりました。御礼を申し上げます。

二〇一八年三月

原　真由美

《著者紹介》

原　真由美（はら・まゆみ）

1961年那覇市生まれ。関東学院大学非常勤講師。NCC女性委員会委員。アメリカ学会会員、キリスト教史学会会員、日本基督教学会会員。

関東学院大学文学部英米文学科卒、日本バプテスト同盟宣教研修所修了、ルーサー・ライス大学大学院牧会神学博士課程修了。牧会神学博士（Doctor of Ministry）。

『バプテストの歴史と思想研究』（共著、関東学院大学キリスト教と文化研究所プロジェクト編、2017）、『バプテストの歴史的貢献』（共著、同、2007）、“American Baptist Mission Project after World War II”（American Baptist QUARTERLY Vol. xxxv, No. 2, Valley Forge, summer 2016）、「日本バプテスト派の婦人達の宣教活動に関する歴史的研究」（ルーサー・ライス大学学位論文、2005）など。

キリスト教宣教と日本
太平洋戦争と日米の動き

2018年 4月10日 第1版 1刷発行
2024年 3月31日 第2版 1刷発行

著　者——原 真由美
発行者——河野和憲
発行所——株式会社 彩流社
〒101-0051　東京都千代田区神田神保町 3-10
電話 03-3234-5931　FAX 03-3234-5932
装　幀——クリエイティブ・コンセプト
印刷・製本——株式会社丸井工文社

ISBN978-4-7791-2481-5 C0021

彩流社の本

ウォルター・ラフィーバー 著／土田 宏 監訳／生田目 学文 訳

日米の衝突 ペリーから真珠湾、そして戦後

日米関係は常に〝衝突〟の連続であり、〝堪え忍ぶ〟ことだった！――異なる経済·社会体制、中国をめぐる競争、日本を西洋の体制の中に西洋の条件の下で取り込もうとする米国の試み、しばしば見せた露骨な人種差別――本書は1850年以来の日米関係史を一人で纏めた労作である！

（A 5 判上製·5,500 円＋税）

徳留 絹枝 著

旧アメリカ兵捕虜との和解 もうひとつの日米戦史

太平洋戦争の戦地フィリピンで、旧日本軍の捕虜となった元米兵は、想像を絶するような酷い扱いを受けた。謝罪をめぐる日米両政府・企業との度重なる交渉と挫折、正義と和解を求め続けた元捕虜たちの活動、それを支えた一人の日本人女性（著者）の長年にわたる渾身の地道な支援と交流を描く。

（四六判並製·3,000 円＋税）

武市 一成 著

松本亨と「英語で考える」 ラジオ英語会話と戦後民主主義

「英語で考える」ことを提唱し、ＮＨＫラジオ英語会話の講師を 20 年以上務めた英語教育者・松本亨。いまも多くの人にその名を記憶されるが、英語教育者としての顔は彼の一側面にすぎない。アメリカ改革派教会教職として活動、戦後日本での教育者の側面など、日米のはざまで揺れた人生と強烈な個性を紹介する初の評伝。

（A 5 判上製·3,500 円＋税）